TAIWAN 368 新故鄉動員令 ①

小野 & 吳念真帶路，看見最在地的台灣生命力

紙風車文教基金會、中國時報調查採訪室／著

TAIWAN 368

新故鄉動員令

小野 & 吳念真帶路，看見最在地的台灣生命力

《TAIWAN 368 新故鄉動員令》①

目錄

序文（依姓名筆畫排序）

離島

山線

附錄

TAIWAN 368
新故鄉動員令

序一

每個人都有自己的新故鄉動員令

◎小野（作家、電影人）

我從游泳池爬出來，好好地沖洗了自己的身體，匆匆買了一罐黑松沙士和一個酸菜包，在趕往目的地途中當晚餐吃。爸爸生前最愛喝黑松沙士，媽媽生前最愛吃酸菜包，我用這樣簡單的晚餐隨時隨地想念著我的父母親。

還活在這個世界上的每個人，或許都有自己獨特紀念自己祖先的方式（原住民稱之為「祖靈」），或許也有接受過對自己的故鄉土地付出積極行動的動員令。此刻，我接受到的「新故鄉動員令」是：「立刻趕到中正紀念堂自由廣場底下，第二次的『不要核四、五六運動』在下午六點準時開始！」原住民女歌手巴奈（Panai）和她的搭檔那布（Nabu）已經主動從台東趕到現場，要參加這個由「我是人我反核」小組所啟動的公民運動，我這次臨時被指派的任務便是介紹這兩位歌手出場。

星期五的下午六點正是交通最繁忙的時刻，司機踩油門和煞車時都很猛，我喝了一口沙士差點噴了出來。不過這樣也好，這樣的感覺比較像是「緊急動員令」！在我們的設計中，這個定時定點的活動一開始由「全聯先生」帶現場的群眾做反核操，然後安排演講、演唱、劇場、文學朗誦等活動，最後有核溜拳比賽和公民論壇，所有的活動都是隨機應變，讓整個活動像是一個有機體，讓參與的人都有一種能影響這個正在發展的公民運動的成就感。

七點鐘。我介紹巴奈和那布出場，我先說了中正紀念堂在二十年前有九隻和平鴿迷路的故事，然後我表示這一年盡量不接演講；我接受這個「動員令」，讓自己只在這個自由廣場定時出現。巴奈和那布搭檔獻唱了他們最有名的〈也許有一天〉，當巴奈唱到「也許有一天，有一天能跟隨你的腳步，踏上遙遠的回家的路，讓風吹著你的長髮，讓眼淚盡情地流下，歌盡情盡情地唱呀，回家吧，回家」，那布用布農族的古調和布農族報戰功的方式，幾乎是吶喊和怒吼的腔調像是合音般搭配著巴奈的歌聲，在場五百多人都受到極大震撼和感動。

布農族男人在報戰功時一定會提到自己的出生、自己母親的氏族名稱。那布的訴說中有一段是這樣的：「雖然我不曾隨著父兄出征，但是還好能回到故鄉，拿回泥土，請你還我土地，讓我們重建家園。」這正是巴奈和那布對自己族人所發出的「還我土地重建家園」的「新故鄉動員令」。

在台灣的每個人都可以發出自己的「新故鄉動員令」，也可以接受別人所發出的「新故鄉動員令」，這個概念當初是由「中國時報調查採訪室」向「紙風車文教基金會」提出來，雙方決定一起來執行。紙風車文教基金會在二〇一一年的年底，完成了從二〇〇六年啟動的「孩子的第一哩路——紙風車三一九鄉村兒童藝術工程」後，整個社會都期待著何時能有「孩子的第二哩路」。

「新故鄉動員令」便是從這樣「第二哩路」的概念出發。吳念真和我輪流在「大魯文創」的《風聲網路廣播》的節目中，訪問那些留在自己故鄉默默推動著「維護故鄉自然環境」或是「保護傳統歷史和文化」的平凡百姓，然後透過《中國時報》和雅虎新聞專欄，分別報導這些動人的故事。

這些故事告訴了每一個生活在台灣的人，在自由民主已經有了基礎的台灣社會，千萬不要低估「一個人」的力量，也千萬不要輕視自己對故鄉的影響力。我曾經將這樣的觀念一再傳播給下一代的年輕人，我對他們說：「我們不能因為對權勢心懷敬畏，反而低估了自己的價值！要努力讓自己成為一個有力量的人，相信這個世界會因為有你的存在而更好！」當然作為上一代的我們，更應該以身作則、挺身而出！一年後，紙風車文教基金會也正式對外宣布，我們將展開七年更艱難浩大的

「紙風車三六八鄉鎮市區兒童藝術工程」！另外，因為覺得許多偏遠地區單親隔代教養的情況很嚴重，有一群朋友決定成立「快樂學習協會」，為各地的弱勢青少年建立課後的「祕密基地」，進行課後的輔導課程。同時，紙風車的校園反毒戲劇表演也正在進行中。

反毒之後也要反核，於是從二〇一二年夏天起，一個代號是「我是人我反核」的組織就這樣成立了。成立的原因，竟然是因為當時的總統隨口說了一句「沒聽說台灣有人反核」，於是我的朋友柯一正和吳乙峰很生氣，就發動一次在總統府前廣場上躺成一個「人」字的快閃行動。原本是幽默的表達，卻引來警察局開傳票的風波，引發電影界和藝文界朋友的公憤。憤怒如滾雪球般愈來愈大，我們決定加入二〇一三年的三〇九廢核大遊行，於是有了每週一次的五六運動。

每個人都有自己的新故鄉動員令，或許這就是當初「新故鄉動員令」最希望的結果。毫無疑問，一個完全不同於過去、不接受任何政治力量介入的「新公民運動」已經開始了，而且年輕人將扮演推動這些活動時最重要的角色，它也即將改變台灣的未來。

勇士昂首，腳踏寒霜

◎吳念真（導演、作家）

有個朋友曾經半認真、半玩笑地描述了台灣百姓跟政府關係的「三階段演進」，他是這樣說的：「威權時代政府只要做任何事，小自造橋鋪路大到延長國民義務教育都是『德政』，百姓都被要求得感激涕零、恩澤永懷。」然而民主落實之後，選舉頻繁，支票亂開，百姓也開始要求政府無所不能、無所不在；氣象報告不能不準，颱風過後門口的垃圾最好馬上幫我清乾淨。

經過兩次政黨輪替之後，台灣的百姓終於慢慢看清，不管執政的是哪一黨，政府不但都不是萬能，有時候甚至還是阻礙、是負擔，而且百姓似乎也沒有比它笨，許多急迫的現象、急迫的困境要等它發現、等它規畫、等它解決，恐怕得等到「頭毛嘴鬚白」。所以，算了，與其遙遙無期地空等，倒不如我們現在就挽起袖子自己來。

朋友還加了註解，說有才能的人就是有遠見，人家張榮發先生早就告訴過我們了，有一回被問到「長榮發展的過程中，政府有沒有幫上什麼忙？」的時候，老先生說了一句名言，他說：「政府？政府只要不找麻煩，我就謝謝它了！」

年輕時有個朋友寫了一幅字讓我貼在宿舍的牆上：「不耐長年兮焦望，劍鞘嘎嘎兮清響，勇士拔刀兮昂首，腳踏寒霜」，多年過去，那幅字早已不知去向，寫字的朋友更早已棄文從商而且移民他鄉，但內容迄今難忘，原因或許是某些悲壯的詞彙或意象總讓青春時期的自己沉迷、耽溺吧？而再度想起龍飛鳳舞的這幅字，尤其是那句「勇士拔刀兮昂首，腳踏寒霜」，則是在閱讀《TAIWAN

368新故鄉動員令》這本書的初稿的那個當下。

那些在錄音室裡和我長談過的許多人，他們的臉孔再度栩栩如生地出現在我面前；他們好像都有一個共同特色，無論男女似乎都眼神堅毅，有一種捨我其誰的力氣，彷彿就是當年我對那個拔刀昂首的勇士的想像。

可以和這些人相遇、相識，好像得先跟《中國時報》的張瑞昌先生說聲謝謝。

二〇一一年十二月一個冷冽的夜晚，「紙風車三一九鄉鎮兒童藝術工程」在新北市的萬里完成最後一個鄉鎮的演出，原先計畫用十年時間逐步完成的夢想，沒想到卻因為全台灣民眾超乎想像的熱情催化，只用了一半時間，夢想就已經成真。

那個交織著感恩與不捨、笑容和眼淚的夜晚我並不在現場，而是在幾千里外的美國，正準備幾個小時後的一個演講。瑞昌也不在現場，他正在報社上班，但他忽然打了越洋電話給我，問我在「紙風車三一九鄉鎮兒童藝術工程」結束後有沒有新的構想？我說除了要償還許多贊助者的人情、除了要讓所有演員和工作人員好好休養一段時間，短期內實在不敢再有什麼構想，因為經歷這一次已深深體認，當初幾個人用一張嘴談出來的構想，最後卻得勞動無數的人披星帶月、流血流汗地去實踐，老實說，若有任何榮耀，都要歸於所有贊助者、演員和工作人員。至於自己，除了覺得虧欠之外，在那五年之中無時無刻都有一種深沉的罪惡感隱隱出現，虧欠或許還有補償的機會，但這種類似「一將功成萬骨枯」的罪惡感卻永遠無法釋然，所以……謝謝，我不敢再有任何構想。

不過，瑞昌似乎是有備而來，說他倒是有一個構想，說台灣許多鄉鎮裡其實有許多人都懷抱著和「紙風車三一九鄉鎮兒童藝術工程」一樣的夢想，單純地想連結眾人的情感和力量，為族群、社區、鄉里或整個台灣，在農業產銷、教育文化、社區重建、環境保護等不同的面向做出一點改變，而且很多人已經默默做了很多年，甚至達成一定的成果。

瑞昌覺得這些人和他們的理念、他們艱辛的過程和經驗都必須讓更多人知道，所以他和報社有一個計畫，希望透過報紙結合網路廣播，讓這些人、那些事可以逐一呈現。他說這些人已經結合了相當人數的情感和力量，如果我們可以連結這些人，那可能就是台灣一股正向的、強大的民間自主力量，是在當下普遍瀰漫著失望、頹喪甚至灰心、無感情緒的台灣一種可以激發眾人的熱情和精神。

他說：「田野調查和資料整理有報社的資源可以支應，至於老人家你，只要出一張嘴就可以。」一主旨如此強大，而我所要承擔的分內工作聽起來並不沉重、繁雜，不答應的話，於公於私好像都說不過去，於是在過去一年多的日子裡，我和死對頭小野先生分別和這些人見面、認識、長談。

我不知道小野先生的感受如何，對我來說，那絕對是一個無比震撼的經驗。《TAIWAN 368 新故鄉動員令》的這些人，無論是知名作家黃春明先生、因電影《賽德克．巴萊》而知名的林慶台牧師，或是之前你我從未聽聞過名字的所有人，他們都有著同樣特質，他們真正地把腳踩在鄉里的泥土上，一步一腳印地埋頭深耕。他們不求掌聲，不求一己的名利，他們不但不寄望政府關愛的眼神，甚至有人的工作是長期地和政府、財團抗爭……

我不知道他們的工作和經驗是否如瑞昌所說的，可以成為台灣一股強大的正向力量，但對我來說，一次的訪談就是一次的鼓舞，因為他們面對挫敗和困境時有著與我截然不同的態度，當我選擇逃避，他們在同樣的狀態下卻選擇改變。

我必須承認有幾次訪談過程，技術人員必須關機重來，因為他們某些故事和遭遇讓我無法回應，甚至一度哽咽而無法言語，但對他們來說，卻彷彿只是平常人的某件平常事而已。

這是他們的故事，我們只是轉述。

台灣不死，或許就因為在每個角落中都有這些不起眼的麥子。

序三

一份對土地和人民的堅持與承諾

◎張瑞昌（中國時報執行副總編輯）

每個人都有故鄉，那是出生地，也可能是成長所在，但隨著求學、工作、服役乃至成家立業，在我們生命羈旅的過程中，有時，日久他鄉即故鄉，雖然原鄉呼喚依舊，但異鄉也會成為新故鄉。

我非常欣賞日本劇作家倉本聰，他在早期一齣跨越二十年時空的日劇《來自北國》裡，有一段關於故鄉定義的敘述，令人印象深刻。透過演員的詮釋，倉本聰寫道：「故鄉，就是那種離開之後開始思念的地方，而且離得愈遠、思念愈深。」

製作「新故鄉動員令」的初衷，多少也帶著一種回饋鄉里與守望人間的情懷，而這個專題的發想則和「紙風車三一九鄉村兒童藝術工程」的落幕有關。二〇一一年十二月，整整走了五年的「紙風車三一九」在北海岸的萬里畫下休止符，那時候已經疲憊不堪的演出團隊，原先打算要好好休息幾年，而伴隨各地民眾熱情參與引燃的新文化運動，卻需要找尋新的動能延續下去。

找尋新動能的念頭最終催化了企畫新故鄉專題的構想，經由調查採訪室的多次開會討論，以及前任總編輯王美玉（現為《中國時報》社長）的全力支持，我們深感專題若仍停留在報紙，似乎難以滿足亟思朝跨媒體合作或數位匯流方向推進的企圖心。因此，《中國時報》和紙風車文教基金會執行長李永豐帶領的團隊嘗試了「報紙＋網路電台」的跨域合作，先確立由調查採訪室負責遴選個案、文字記錄等作業，再邀來導演吳念真、作家小野主持訪問，透過他們妙語如珠的主持風格與解讀議題的深厚功力，串連起多達四十七個鄉鎮故事的年度專題。

「新故鄉動員令」是一次罕見而且大規模的媒體實驗，每週定期在空中、在報紙版面上與聽眾、讀者相會的訪談專題，不僅為偏遠地區、弱勢團體提供一個發聲的公共平台，事實上，也為民間和政府、地方和中央創造一個攸關社區意識、在地文化及公共政策交流的對話空間。一整年下來，從澎湖到蘭嶼，從新北的三貂嶺到高雄的小林村，關懷足跡遍及台灣頭、台灣尾。

在當前包括報紙、廣播、電視等主流媒體中，類似這樣長達一年以上又著眼於弱勢族群、公共議題的媒體跨域合作，無疑是屈指可數。藉由「新故鄉動員令」，我們得以看見城鄉差距所帶來的變化，也發現民間豐沛的生命力，那可說是台灣新的社會風貌，甚至也是台灣新的生命地圖。

二〇一三年元月起，「新故鄉動員令」重組合作團隊，忙碌一整年的吳導、小野功成身退，由荒野保護協會榮譽理事長李偉文接棒主持訪談。正巧紙風車團隊也展開「三六八鄉鎮市區兒童藝術工程」，在另一場新文化運動同步啟動之際，我們結合「報紙」、「廣播電台」（目標為實現全國聯播）、「網路二十四小時實況錄音」的跨媒體合作，擴大了報導範圍和影響力。

過去一年的「新故鄉動員令」曾為採訪團隊贏得真善美新聞獎，今年四月又再度獲得金輪獎的肯定。其實，對每一個參與「新故鄉動員令」的時報同仁而言，得獎並不是重點，我們真正期待的是，那些發生在山巔水湄、窮鄉僻壤或是在喧譁都會角落裡的動人故事，能夠被看見、被關心，進而解決問題、找到出路。

走了一年的「新故鄉動員令」終於集結成冊，然而，《TAIWAN 368 新故鄉動員令》這本書與其說是一次跨媒體合作的成果報告，還不如視為一份實踐在地關懷、創造公共平台的文化獻禮，並且承蒙遠流出版公司及諸多贊助企業的支持，在紙風車團隊展開「第二哩路」逾半年之際面世。

這是從故鄉出發的庶民之書，在日益艱困的媒體環境中，我們守著最後一畝田、一分地，從未忘記故鄉的初心，還有那份對土地和人民的堅持與承諾。

序四

挺立一個世代的堅持與價值

◎廖嘉展（新故鄉文教基金會董事長）

台灣最美麗的風景，見仁見智，但如果說《TAIWAN 368 新故鄉動員令》的這批人，是台灣令人動容的風景，我看是沒有人會反對。

一九九八年，我為當時的省府文化處籌辦「在地的花朵——台灣在地文史工作研討會」，在手工網印的海報上，我寫下一段話：「這是一個特別的行業，不論山巔或海崖，都有人為它出生入死；這是一個可敬的行業，不論是護溪流或衛古蹟，都有人為它大聲疾呼；這是一個可愛的行業，覓文化挖歷史，留紀錄建家園；邀您前來回顧一同走過的腳蹤，並展望未來」。

一九九八年，九二一地震的前一年，那是一個風起雲湧的年代。台灣歷經一九八七年解除戒嚴，各種街頭運動沉澱之後，社區逐漸成為社會轉型的基地，展開自我認同的搜尋與建構。從一九八七年新港文教基金會面對大家樂賭博風行所進行的社區改造，到一九九四年美濃愛鄉協進會為反美濃水庫所延伸的社區社會運動等等，一個潛藏在台灣社會內部的民間力，通過文史工作，通過社區營造，嚳見社區作為一個社會運動基地的雛形。

一九九四年，當時的文建會提出社區總體營造政策，國家開始以政策面對勃興的社會力。當國家強調要社區居民由下而上思考社區的治理模式，其實也衝擊著長年以來執政者以透過地方農漁會、水利會、政治力等各種資源分配手段控制地方的統治模式，社區即進入價值錯亂、思辨與再出發的時期。

有些社區，因個別居民的覺醒、堅持與行動，投入了大量的時間，甚至進行資金與資源的募集，但他們卻同時得面對殘破不堪的家園，面對分崩離析的人際網絡，面對已喪失對自己土地信心的那顆心，甚至是面對國際化所帶來的壓迫。

遠處看來很美，實際參與卻很累。這是什麼樣的狀態？

台灣歷經日治、戰後的國府統治，從高壓極權到經濟快速成長，這對台灣人的人格養成、環境的變遷，都造成很大的衝擊。台灣的社會在短短的幾十年間，就要進化到西方資本主義的世界，同時得面對中國及國際化的壓力，在內部失調、人文及生態環境的敗壞下，生態環境及人文價值的復健是條漫長的道路。

由此，來觀看《TAIWAN 368 新故鄉動員令》，就會有比較清晰的脈絡。

在國家缺乏治理能力的時候，尤其是地方政府幾乎失能的時候，我們可以發現，在生活的現場，有人從自救，從反抗，從倡議，進行鄉村生態、文化、社會福利的保護及發展。這樣的社會發展困境，在短期內並不會改善，尤其是國家的治理能力已出現巨大困境時。這恰恰好呈顯了《TAIWAN 368 新故鄉動員令》這批人的重要性——挺立一個世代的堅持與價值。

南方朔在一九九八年「在地的花朵——台灣在地文史工作研討會」，有場「我對台灣文化發展的看法」主題演講，一開始他就說：

「假設我們看整個人類文明文化的發展，全世界每一個國家，每一個社區，各式各樣的文化，它真正基本的動力都是社會下面的那一層老百姓或是有不同意見的知識份子。這些人一直在下面推推推，推成我們今天社會的樣子。所以說我們作為一個少數的弱者、邊緣的讀書人、知識份子，事實上是沒有什麼可以悲觀的。」

他更指出，會選這樣一個角色來扮演，一定是腦袋當中有一種東西跟別人不一樣，並得為自己的選擇付出最大的努力。

他力陳，得比我們討厭的人還要用功，才有機會去創造我們所期望的一個文化或一個文明的生長點。「這個點是跟時代可以配合的，能夠打動別人的心靈、符合別人的需要……，只有付出足夠的努力以後，才能贏得所謂中心知識份子對你的注意，或者對你的畏懼。」

至今，南方朔帶著犀利眼神中深切地期盼與溫柔的告誡聲，仍深烙在腦海裡，他的話語更印證了《TAIWAN 368 新故鄉動員令》這一世代人的努力，不僅值得注意與畏懼，他們更是我們這一世代人的驕傲。

社會的轉型是跨世代的人文工程，路途仍遙遠，但有你，我們不會孤單。

走進偏鄉，給台灣一個新的生命

◎嚴長壽（公益平台基金會董事長）

正當我準備走向另一段人生旅程，而回頭檢視自己的生命時，發現自己曾以觀光及會展等各種方式替代外交與世界做朋友，以文化提升台灣的人文素養，以建言針砭時政；雖然關心過、意圖改變過的事情很多，但當體力與時間都不允許、建言批判也不再是最有效的工具時，反倒該是要捲起袖子、放下身段，用心傾聽，做出示範性探路的時候了。

在此同時，我也觀察到幾乎所有的偏鄉都面臨年輕人嚴重外流，成為一個只剩下老人與小孩隔代教養的「中空社會」！這樣的問題雖不是台灣獨有，但當菁英們不願意返回故鄉的時候，這個部落或社區是沒有未來的，他們只能沿襲過去的方式繼續陷在問題的泥淖中，或任由政治力綁架而失去自主的能力。因此，我最終選擇從台灣偏遠的花東為出發點，因為它代表了台灣每一個偏鄉都會面臨到的問題。

當看到《TAIWAN 368 新故鄉動員令》如此用心從台灣各個角落去發掘不同領域的朋友所努力的方向，我心中相當感佩。同時，我也很高興看到有許多朋友已開始回鄉實踐自己的夢想，這象徵台灣這個社會即將走向另一種生活文明，一個與時俱進珍惜地球持恆永續的新文明。

在華人社會、甚至亞洲國家中，台灣有幾項無可取代的絕對優勢；第一，台灣以原有的中華文化為根，經過不同歷史階段的歲月淘洗下，已萃取新的元素，揉合成一種最具深度的新台灣文化，它具有傳統中華文化的基底，卻也有自我孕育的生命。第二，台灣從極權統治走向民主社會，在知識份子的引領下，在宗教的護持下，最終走向民主、自由開放的環境，整個過程沒有發生激烈的流血衝突，這是一項很了不起的成就。第三，就是源自於中國卻深耕於台灣的宗教，成功而深遠地扮演了社會教育家的角色。

這樣的優勢源自兩股重要的力量，一是知識份子對台灣的影響，如傅斯年、殷海光等人形塑出知識份子須具備批判能力、正義感與社會良知的典範；另一力量則來自宗教家，台灣的宗教從單純祈求保佑平安開始，轉而教導人們學會如何面對無常的人生，培養自我修練的態度，進一步去關懷他人。這兩股體制外的重要力量，一直支撐著台灣在選舉等各種衝撞之間還能保持相對平衡。但無可否認，這些力量也逐漸在衰退中。足以影響輿論的批判不再具有深度、力道；年輕人不再重視宗教、而網路占據了他們大部分的時間；教育缺乏品德、美學等元素，只顧著用強背死記、補習及家教在考試與分數之間算計，如此用金錢優勢堆砌起來的成績，使城鄉差距愈拉愈遠，最終將導致偏鄉小孩永遠沒有競爭力。

作為一個時代的開拓者，我們在台灣經濟起飛的六〇、七〇年代奮鬥打拚，雖然辛苦，但那時的我們是在經營一個叫做「希望」的未來，而下一代的年輕人卻是在經營生活的「保障」，缺乏勇往直前的開創性！如果我們進一步認真地探究下一代子孫的處境，在高齡化與少子化的社會趨勢下，他們不但少了具有競爭力的產業支持，還要負擔沉重的老人福利，同時承受已經過度開發的土地與無可挽回的生態環境，也因此，他們所面臨的未來將會是「失望」與「絕望」。

當教育與文明沒有達到一定的程度前，往往開發與破壞就會走在前面。在這過程中，我們這一代必須承擔起責任。它是台灣現在必須正視的問題，也是台灣應該給自己與未來一個新生命的時刻。我認為台灣人應該把自己的目標定位在小康家庭，扮演一個有愛心、負責任、有素養、愛地球的世界公民角色，讓台灣成為亞洲的瑞士、丹麥或瑞典，相信這是台灣可以追尋的方向。放眼亞洲，也唯有台灣最有條件可以做到。

台灣已是一個非常有愛心的社會，每次的賑災募款都獲得國人的熱烈響應就是明證，如果要更提升慈善公益的深度，那麼台灣更可以在捐款之後，進一步思考捐「人」，也就是採取行動把自己的經驗捐出來、把自己的時間捐出來，因為許多公益光靠捐錢並無法解決所有的問題，這也是我實地走進偏鄉之後的發現，「公益平台」就是在這個背景下成立，希望能整合各種資源共創一個更有影響力的永續社會公益。朋友們，就讓我們一起走進偏鄉，給台灣一個新的生命吧！

新故鄉動員令

離島

台東蘭嶼　夏曼・藍波安

澎湖白沙　張詠捷

澎湖馬公　吳雙澤

滾蛋吧！核廢惡靈

受訪◎夏曼・藍波安（Syman Rapongan） 對談◎小野 執筆◎江慧真、高有智、黃奕瀠

夏曼・藍波安

台東縣蘭嶼鄉

新故鄉動員令

動員者──夏曼・藍波安，現任作家及蘭嶼部落文化基金會董事長。
動員組織──蘭嶼部落文化基金會，2004年創立。
基地：台東縣蘭嶼鄉 **面積**：48.39平方公里 **人口數**：4,836人 **人口密度**：98人/平方公里 **平均年齡**：35歲（資料來源：內政部資料至2012年11月底）

「這是你們的早餐：男人吃鈷六十，女人吃鈽一三七，孩子們的早餐——滅絕！」這是夏曼．藍波安心痛的文字，也是蘭嶼三十年來的血淚心聲。屆滿期限的核廢料，至今依舊放在達悟人的家鄉。二〇一二年的二月二十日，五百多位達悟人再度發動「驅逐核廢惡靈」運動，但政府的承諾，眼見又將跳票。蘭嶼部落文化基金會董事長、知名作家夏曼．藍波安要求所有蘭嶼人站起來趕走「核廢惡靈」，全民好好愛護土地和海洋，熱愛我們的環境，「因為我們只有一個台灣，我們只有一個蘭嶼！」

蘭嶼土壤已汙染，三十年謊言被揭穿

「流淚不一定傷悲，但蘭嶼人無淚，並不代表不傷痛！」夏曼．藍波安控訴，政府在放置核廢料過程中充滿欺瞞，最初謊稱是「魚罐頭工廠」。身為最早棲身蘭嶼的民族，三十年來，達悟人始終在台電和原能會（行政院原子能委員會）的謊言下生活。荒謬的是，他們沒有得到應有的公道，官方卻反要他們提出「核廢料不安全」的證明。

一九八八年起，包括夏曼．藍波安和郭建平等部落青年就心知肚明，核廢料絕非安全，從國際間試放核爆新聞中，他們更得到印證，因此開始發起一連串對抗中華民國政府暴力的反核廢抗爭運動；對達悟人來說，政府的欺騙、核廢料的威脅，就是一個巨大的惡靈。

夏曼．藍波安回憶，當年官方信誓旦旦保證：「核廢料絕對比你抱著兩個瓦斯桶還安全！」現在台電在核一、核二、核三等廠都有廢料貯存場，但是高度科技化，以無人機具吊掛設備存入，更有完全密閉恆溫恆溼廠房，但蘭嶼卻是赤身肉體真人下壕溝去埋，桶子

↗蘭嶼擁有清澈湛藍的天空、傳統的拼板舟，還有孕育達悟族人的大海。（陳志東攝）

也已毀損生鏽，直到二〇一一年中研院研究團隊科學調查，證明蘭嶼的土壤及海洋均有銫一三七、鈷六十的汙染，三十年的荒謬大劇才終於被揭穿！但政府至今沒有一句道歉。一聲「對不起」如此昂貴嗎？

我們只有一個島，福島教訓不夠嗎？

「大家還記得電影《給史達林的禮物》嗎？對人類來說，核能到底是福還是禍？」夏曼．藍波安反問著。以眼前的日本為例，福島核災到底有多大影響，至今連科學家都無法估算，達悟人和台灣人都不該再冷漠。

「蘭嶼二二〇驅逐惡靈」行動，三大訴求為「立即遷離、永不續租、重啟談判」，夏曼．藍波安強調，台電與蘭嶼鄉公所簽訂的核廢料貯存場土地租約，早在二〇一一年年底到期，達悟人堅持不再續租，「我們不要錢，也不要暴力抗爭，我們要的是和政府談判，還我們乾淨的土地和海洋！」

達悟人的世界，只有三個季節：飛魚來了、飛魚走了、飛魚快來了。對夏曼．藍波安而言，核廢料已來了三十年，現在應該讓它離開，去它該去的地方了；他呼籲政府，核電廠不要再來，別再產出核廢料。未來，讓每個人都能享受安全的早餐，不再有輻射物！

蘭嶼被置核廢料三十年血淚史

年代	大事記
1974	政府決定將核廢料放置蘭嶼，欺騙達悟人運輸核廢料港口是軍港，核廢貯存場是魚罐頭工廠。
1982	貯存場完成，蘭嶼被置第一批一萬零八桶核廢料。
1987	達悟族青年夏曼．藍波安、郭建平等在蘭嶼機場發動反核第一場抗爭，開啟蘭嶼反核運動序幕。
1988	蘭嶼達悟族人第一次舉行「二二〇反核廢驅逐惡靈」遊行，開啟一波波求生存、反滅族的抗爭。
2005	蘭嶼貯存場鏽蝕核廢料桶檢裝重整，被民眾發現核廢料桶嚴重鏽蝕，散落成水泥塊和灰砂。
2011	中研院發現蘭嶼土壤海洋均有銫一三七、鈷六十汙染，台電、原能會卻一再強調運送到蘭嶼貯存場的是低放射性廢棄物。 蘭嶼部落文化基金會要求「納入部落民眾共同參與核輻射影響環境水土、生物生態、身心健康之全面監測與常態檢查」，經濟部拒絕居民參與。 呼籲政府與達悟人對話，根據聯合國原住民族權利宣言並與達悟民族代表簽署《達悟民族島嶼治理協定》，處理核廢料問題。
2012	二月二十日，五百餘名達悟族人發起「驅逐惡靈」活動，抗議台電拖延遷移核廢料，要求台電立即遷走九千七百餘桶低階核廢料，且不再把土地續租給台電。

↖達悟族耆老穿上傳統服飾，推動象徵裝了核廢料的貯存桶滾向總統府，要求政府將置放在蘭嶼的核廢料全部遷離。（陳振堂攝）

一手拿筆書寫海洋，一手高舉抗議大旗

在台灣文學中，夏曼・藍波安的書寫獨具一格，以中文傳遞達悟族語言的字彙和智慧，文字之間充滿海洋的氣息。台灣這個「大島」鮮少出現如他一般透過作品駕馭海洋的作家，因此同是作家的小野強調，夏曼・藍波安在台灣文學史上有著重要地位。

「月亮每天都有不同的名字。」夏曼・藍波安說他的寫作都來自達悟族的智慧，達悟族重視月亮和潮汐的關係，也有許多表達海洋的方法。因而達悟人是詩的民族，人們見面問候就是「詩」。例如「我今天是中潮」，意味著現在「不餓也不飽」，而「兄弟啊，你所有的話不清澈也不混濁」，則是委婉評論對方說話四平八穩，是句「廢話」。

但他不僅僅只有寫作。八〇年代，在台灣本島打工的夏曼・藍波安便寫詩為蘭嶼呼救，也參與了原住民運動。他和戰友郭建平等人為了反對核廢料進駐蘭嶼，發起「驅逐惡靈」的抗議行動。「因為我當時已經懂得民族的意義。」當時他和郭建平兩人並不懂得什麼是輻射，以及問題多嚴重，只根據俄國車諾比核電廠災變等個案，環島和族人說明，「我很清楚的是，我們只有一個島嶼。」直到今天，夏曼・藍波安仍一邊寫作，一邊進行民族運動，因為，核廢料仍然威脅著島嶼的生存，而強勢的漢文化則侵蝕著達悟族的知識和文化，甚至是認同和自信。

↖達悟人擔心輻射威脅，堅決不要核廢料。（蘭嶼部落文化基金會提供）

回到「人之島」，實踐達悟族海洋智慧

夏曼・藍波安小學四年級的夢想是航海家，但一個本島來的大學生鼓勵他繼續讀高中、大學，讓他離開了自己的島嶼和文化。儘管他成為第一個拒絕保送的原住民，但在城市的學習和生存，讓「飢餓始終陪伴著他」。最後，他仍然回到屬於他的「人之島」，回到海洋的懷抱，重新實踐達悟人的智慧和技能，也找回了自己的語言。他甚至還進行了幾次航海活動，完成了童年航海的夢想：「命運的旅行不是我規畫的，是靈魂規畫的。」

「蘭嶼外海有個海溝是黑潮發源地，黑潮順著洋流沿著台灣外海北上。」夏曼・藍波安曾進行一次從蘭嶼沿著台灣海岸北上的航海，知道順著洋流船速便快，「如果蘭嶼的核廢料發生問題，台灣人逃得掉嗎？台灣人也只有一個島啊。」他對台灣人視蘭嶼為遙遠的化外之地感到氣憤不已。

夾在現代化諸多困境和危機裡的蘭嶼，讓這個作家黎明起身寫作時都忍不住嘆息，他說自己「情緒如彩雲般的不穩定」，於是祈禱「起義的反核運動，可以成為讓我們島民民族意識覺醒、愛護島嶼的元素。」他們希望這一切反核廢料運動像拿漁槍刺惡靈般簡單，更願海洋是保護他們島嶼的政府。

↖為了下一代的未來，達悟人拒絕都市文明的廢物繼續汙染淳樸故鄉。（莊哲權攝／中國時報資料照片）

困境：「在中華民國裡面，達悟族是最不值錢的！」

監察院之前調查蘭嶼核廢料貯存場附近海域的輻射外洩爭議時，監委竟問夏曼．藍波安：「核廢料不放在蘭嶼，要放在哪？」這樣說法令他錯愕，不僅自私，也沒有天理。這個政府生病了！難道達悟人活該得癌症？「在中華民國裡面，達悟族是最不值錢的！」

夏曼．藍波安說，過去蘭嶼內部有國民黨黨工頻扯後腿，甚至汙名化他的家人。而原住民抗爭運動多年下來，部分原住民和民進黨夥伴的立場也出現妥協。但輻射傷害不分族群，此次反核廢料運動希望能重新整合，呼籲大家一起愛島嶼。

夏曼．藍波安喜愛到世界遊歷，也曾到南太平洋諸島進行文化交流，因而了解到在二次大戰之後，美法等國多次在南太平洋進行核子試爆，造成許多島嶼民族的悲劇。正因為擔心輻射危害，當地居民改變了習性，就此都不敢吃底棲魚。

展望未來反核與民族運動，夏曼．藍波安憂心下一代遠離了文化，失落了母語，原住民運動的傳承將會出現整體性的危機。他表示，達悟人生活貧困，父母沒有錢讓孩子繼續受教育；現有的國民義務教育制度雖然方便孩子取得資訊，卻讓他們逐漸失去族群認同。

夏曼．藍波安說，目前每星期只有一小時的母語課程，根本就不夠，「這樣的政策，不僅是消滅達悟族，也是消滅各族的母語。」達悟的孩子如果只會說中文，反而是「變笨」，因為孩子不會用母語描述自己的土地和海洋，就算流著達悟族的血液，卻失去了祖先留下的傳統智慧，也失落了一切，語言和環境的親密關係就此不見了。

↗蘭嶼達悟族的傳統小米舞。
（郭娟秋攝／遠流資料室）

突圍：驅逐核廢惡靈，「核廢料世代」接棒

核廢料置放蘭嶼三十年，當年的嬰兒，現在都長大了，夏曼．藍波安說：「他們正是和核廢料共存的世代，反核廢料的運動，該是他們接棒了！」這群「核廢料世代」，從小以為達悟人是得天獨厚的部族，因為蘭嶼有享用不盡的飛魚，肥沃的芋頭田，清澈湛藍的天空，綠意盎然的草原，還有那孕育他們的大海。沒想到長大後，當他們離開故鄉，秉持母親教導的謙卑禮貌，但在漢人眼中卻只是地處邊陲的「野蠻番仔文盲」。

面對台灣本島給的這份禮物──核廢料，達悟青年捫心自問，「難道忍心讓長輩們白白犧牲過去抗爭的血汗？該是分擔責任的時候了！」日本福島核災周年，林詩嵐、魯邁、林正文、張世楷等人發起「蘭嶼青年行動聯盟」，和台灣環保團體結合，在三月十一日當天，從台北龍山寺出發，到凱達格蘭大道，宣示反核廢料的立場。

他們呼籲，所有旅台的蘭嶼青年，以及愛蘭嶼的朋友，共同為蘭嶼的土地海洋發聲，為長期默默承受都市文明廢物的蘭嶼，伸張公平正義。夏曼．藍波安樂觀地說，年輕人將帶領他們老一輩的人，繼續往前走，因為「我們已經從爸爸媽媽，轉眼變成祖父母了」。

「年輕人不要害怕，就像捕魚造船，你們不會，可以找老師，向前走吧，我們一定會幫你們，祖靈也會守護你們！」夏曼．藍波安說。

↗反核廢料成為達悟人世代傳承的使命。（陳振堂攝）

動員，齊步走

行動指南

前往台東縣蘭嶼鄉，實地感受蘭嶼自然生態與達悟族的文化風貌。
加入蘭嶼部落文化基金會Facebook粉絲專頁，了解最新活動訊息。

官方網址

蘭嶼部落文化基金會 http://www.taocommonwealth.tw/

交通資訊

台東縣蘭嶼鄉──◎地理位置：位於台東縣東南外海，從台東航空站搭乘飛機約25分鐘可抵達，從台東富岡漁港搭船約2小時30分鐘可到。

風吹不垮澎湖女兒的意志

受訪◎張詠捷　對談◎吳念真　執筆◎謝錦芳

不要怨嘆冬天，這是老天賜予我們休養生息的機會，一到春天又將充滿活力！

張詠捷

澎湖縣白沙鄉

新故鄉動員令

動員者——張詠捷，曾任攝影記者，現任河溪文化工作室負責人。
動員組織——河溪文化工作室，1996年創立。
基地：澎湖縣白沙鄉 **面積**：20平方公里 **人口數**：9,487人 **人口密度**：472人／平方公里 **平均年齡**：42歲（資料來源：內政部資料至2012年11月底）

碧海藍天與美麗的貝殼沙灘、百年歷史的硓𥑮石建築與菜宅農業、雞母狗仔與豬母水湯等家鄉味，化成了濃濃鄉愁，讓知名攝影家張詠捷急切返回澎湖老家，展開一連串口述歷史與文化紀錄工作。十七年來，目睹家鄉原貌一點一滴消失，她呼籲所有澎湖人，一起來保存全球僅有的菜宅文化，保護這塊珍貴的土地。

工作中成長，重新認識故鄉

由於澎湖工作機會有限，在地的孩子長大後通常選擇離開家鄉，張詠捷也不例外。她在二十六歲那一年來到台灣，先後在《人間》註1、《張老師月刊》兩家雜誌社擔任攝影。在《張老師月刊》工作那段時間，她經常深入台東縣卑南鄉的卑南族下賓朗（Binaski）部落，與苗栗縣泰安鄉的泰雅族永安（Mbwaman）部落。採訪過程中，她深刻感受到，原住民族的語言、文化逐漸消失中，同時也驚覺，自己的家鄉正面臨同樣的情況。

一九九六年剛好是開始使用電子郵件的年代，數位時代開啟了許多可能，意謂著工作地點不一定要在台北。那一年，張詠捷決定回到老家，拿起相機與筆，記錄澎湖即將消失的一切，也重新認識自己的故鄉。

白沙鄉是澎湖縣境內硓𥑮石最多的地區，早期也曾經出過不少教授漢文的老師，有一定的文化水平。二〇〇三年，張詠捷經朋友介紹，來到此地一棟老房子，雖然很久沒有人住了，到處積滿厚厚灰塵，喜歡安靜的她一走進去就感覺到安定的力量，於是決定搬到白沙鄉定居。

註1——創刊於一九八五年的報導文學雜誌，報導對象偏重於主流媒體忽視的社會議題，包括族群、環保、勞工、農村、民藝、歷史等。一九八九年因財務問題停刊，其間培養出不少優秀的報導文學作家與攝影家。

↗澎湖人以砌硓𥑮石牆的方式，保護菜園裡的蔬菜。（郭娟秋攝／遠流資料室）

活的博物館，萬里長牆可列入世界遺產

「回到故鄉之後，我才發現自己對故鄉的了解是那麼膚淺。」她所居住的白沙鄉中屯村，不僅在地的語言融合了漳州話與泉州話[註2]，在地理景觀上也保存了非常豐富完整的菜宅，海底還有大規模珊瑚礁，不管是地理或人文方面都保有非常豐富的資源，簡直就像一座活的博物館。

所謂菜宅（發音為ㄊㄝ），就是蔬菜的房子。澎湖有半年時間處於強勁東北季風的吹拂下，自古以來，此地的居民以砌硓砧石牆的方式，保護菜園裡的蔬菜，一排排狀似棋盤的防風牆於是成為澎湖的特色，這些特有的人文景觀，正反映出先民在困苦的環境中求生存的智慧。

依「古都保存再生文教基金會」[註3]的調查，澎湖菜宅的總長度可能近萬里，堪稱「澎湖的萬里長牆」，縣政府也計畫向聯合國申請列入世界文化遺產。

海砂灑園肉，魚蝦食餘當堆肥

「在這個貧瘠的島上種蔬菜是很困難的，我們稱土壤為『園肉』，代表它很珍貴。」張詠捷說，澎湖除了花嶼之外，所有的島嶼都是玄武岩地質，島上的土壤是歷經千萬年的風化累積而來，最古老的玄武岩地質有一千七百四十萬年歷史，所以要累積一公分的「園肉」可能要五百至一千年。為了豐厚土壤，澎湖人每年會把海砂運到田裡，並且以魚蝦食

餘做堆肥，也因此澎湖的花生、菜瓜、南瓜、高麗菜這麼好吃，這是因為經人為改良後的土壤含有豐富礦物質，再加上純熟的農耕技術的緣故。

吳念真聽到「園肉」這兩個字，內心很感動。他說，年輕一輩很難體會為何先民會以「園仔裡的肉」來形容菜園裡的土壤。

澎湖有句俗諺：「烏崁蒜仔，東衛金瓜，鼎灣芹菜，西吉菜莆，網垵瓜仔莆。」俗諺中提到的地名，都是澎湖早期因種植作物而聞名的聚落。張詠捷說，一般人對澎湖的印象主要以捕魚為主，農業這個項目較少被注意，現在大家開始重視無毒與有機蔬果，澎湖在這方面可說是非常具有發展的潛力。

感人生無常，用拍照留下永恆

離開過家鄉的人，才能體會自己對家鄉的情感有多深。身為專業攝影師，張詠捷坦承，自己犯了一個錯。原本她最心怡的是人的臉孔，尤其老人家臉上的黝黑線條，反映出生活在澎湖的歲月痕跡。以往，她以為人會死，環境不會死，事實上，環境每年都在改變，一旦環境變了，人的臉也變了。她感嘆，從一九八五年開始拍照到現在，澎湖改變太大了。

澎湖人自古為了對抗惡劣的自然環境所發展出的菜宅、硓砧石厝、石滬等特殊景觀，今日成為在地獨特的文化景觀與觀光資源，也是澎湖人最寶貴的資產。然而，每到冬天來

註2——漳州話與泉州話皆屬於中國閩南語系的一支，隨著明清時期移民來台澎地區開墾而傳入，之後廣泛被台澎地區的福佬族群所使用。一般而言，台灣的沿海聚落使用泉州話為主，靠山聚落使用漳州話為多。

註3——成立於一九九九年的古都保存再生文教基金會，以推動歷史建築與環境保存再生為主要事務，會址在台南市區。

↖美麗的玄武岩是澎湖的地質特色。（郭娟秋攝／遠流資料室）

↗澎湖人克服惡劣的自然環境，種出特別好吃的花生。（郭娟秋攝／遠流資料室）

臨，飛砂走石滿天，許多人開始怨嘆。張詠捷最想告訴鄉親們：「不要怨嘆冬天，春天將充滿活力。換個角度看，這是老天賜給我們休養生息的機會。」

努力學攝影，要為澎湖拍一輩子

在澎湖土生土長的張詠捷，從小學到高中都在馬公度過。高中畢業後，爸爸開了澎湖第一家快速沖印店，家裡自然成為攝影好手們聚集的大本營。在耳濡目染之下，加上一位日本攝影家蜂須賀秀夫的指導，她很快學會了攝影與底片的沖洗。在那個攝影還不能當飯吃的年代，她已決心要為澎湖拍一輩子。

大學沒有考上，張詠捷心情頗鬱卒，在澎湖四處打工，一九八九年來到台灣，從《人間》雜誌開始，正式踏上攝影之路。短短七年間，她先後以「畫家趙二呆的生活紀錄」、「布袋戲藝師李天祿的生活紀錄」、「前世今生」等攝影作品三度獲得金鼎獎。然而，當自己的作品受到肯定之後，她一點也不自滿，反而覺得該是回家的時候了。

澎湖的女兒，用鏡頭守護家鄉

這些年來，張詠捷迫不及待為地方耆老記錄口述歷史，經常與老人家聊天。對她而言，每一個老人都是一本書。她連續出版了《食物戀》、《船家寶》等有關澎湖風土民情的報導文學，前者記錄上一代找尋食物的生命歷程，包括自己的兩位阿公，從豬母水湯到大蛤

↗菜宅堪稱澎湖的「萬里長牆」。（郭娟秋攝／遠流資料室）

包飯，每一道菜都有說不完的故事；後者則訪問了九位耆老，從造船、風帆運用、捕魚到王船信仰，完整記錄上一代討海人的海洋文化智慧。

走過十七個年頭，習慣單打獨鬥的張詠捷，慶幸自己可以存活到現在。最初沒有固定工作，她必須拍照，又要生活，壓力之大非外人可以想像；看到硓𥑮石厝、菜宅逐漸毀壞，她曾經失落，也感到挫折，更看不到未來，但是對家鄉的愛給了她繼續奮鬥的力量。她把自己定位為橋梁角色，要把祖父母那一代重要的傳統文化傳承給下一代。

↖改良的土壤加上純熟的農耕技術，培育出美味的花生。（郭娟秋攝／遠流資料室）

困境：硓砧石牆水泥化，小島快被垃圾淹沒

十七年前，張詠捷懷抱著滿腔的熱情，回到朝思暮想的澎湖老家，沒想到，下了飛機，舉目所見竟是家鄉的殘破景象。當時她心裡非常挫折，更充滿了無力感。

觀光業是澎湖最主要的發展方向，遊客大量湧入，周邊配套措施卻未能同步發展，導致許多小島快被垃圾淹沒了。張詠捷指出，短短十多年間，澎湖各地垃圾以驚人的速度倍數成長，從白沙、吉貝到花嶼，她鏡頭裡的家鄉幾乎被這些垃圾填滿了，她擔心自己快變成垃圾攝影師。

這些年來，澎湖有許多馬路進行拓寬，歷史悠久的硓砧石牆被打掉，築起新的水泥牆，這些工程對於環境與土地的破壞非常大，整個社區聚落、菜宅的樣貌都變了。張詠捷指出，大家應想想，硓砧石牆是先民留下的生活智慧，是為了保護每一寸珍貴的土壤。為了美化社區把硓砧石牆當作垃圾拆除，這是本末倒置。

矛盾的是，張詠捷也發現，有些社區建了新的水泥圍牆之後，才體會到硓砧石牆的美，結果又把水泥圍牆打掉，花錢去買硓砧石重新砌起硓砧石牆。

吳念真有感而發地指出，九份老街最熱鬧的是基山路，上面原本鋪著石階，主管機關以社區重建名義，把古樸的石階打掉，改建水泥階梯。不料，這項改變引起相關人士批評，認為石階才是九份的特色，後來又花錢把水泥鋪面敲掉，再把石階鋪回去。在新與舊之間，大家繞了一大圈，最後又回到了原點，也付出很大的代價。

↗擁有黃金沙灘的的吉貝島，是澎湖重要的觀光資源。（郭娟秋攝／遠流資料室）

突圍：從教育著手，讓孩子從小認識自己家鄉

一九八六年的韋恩颱風對澎湖造成極大的破壞，很多老房子垮了。隨著老人家的逝去，年輕人遠走他鄉，留在澎湖的人似乎看不到未來。張詠捷說，澎湖的孩子從小到大的教育當中，唯獨缺乏對家鄉的了解。為彌補這項缺憾，從現在開始要讓孩子從小學習海洋文化，認識自己的家鄉。

人口外移是許多偏遠地區鄉鎮共同的宿命。吳念真提起自己初中畢業時，爸爸慎重告訴他，一定要離開這裡，以後不能當礦工，事後想起來，只覺得是一種蒼涼。他可以體會為何澎湖的年輕人選擇離開家鄉，到外地謀生。他反問張詠捷：「年輕人留下來做什麼？不是每個人都可以像你一樣！」

張詠捷指出，澎湖擁有得天獨厚的自然與人文資源，是藝術家創作的天堂，也是發展文創產業的熱門場所，眼前最重要的工作是讓年輕人更認識這塊土地與環境。

「離開澎湖之後，才感受到澎湖的珍貴，這一切是透過比較來的。」她說，澎湖孩子開始懂得書寫海洋，多是從大學才開始的，換句話說，澎湖的孩子從小學到高中畢業，對自己周遭的環境不是很了解，也沒有深刻的感覺，直到離鄉背井的那一刻，都沒有機會接觸到與澎湖相關的海洋文學，這是非常可惜的。吳念真頗有同感指出，以前國小到國中，教科書內容一律忽視鄉土文史，當然不會特別提澎湖。

改變要從教育著手。回到澎湖後，張詠捷除了以相機記錄澎湖的變化，也經常到處演講，訴說自己對家鄉的愛。她希望透過影像與文字教育年輕的一代，讓他們認識並珍惜澎湖美好的一切。

動員，齊步走

行動指南

前往澎湖縣白沙鄉實地參觀當地菜宅群，體驗農業景觀的人文之美與生活智慧。

延伸閱讀

張詠捷著：《食物戀》，野人出版社，2005年出版。
張詠捷著：《船家寶：澎湖耆老海洋口述史》，澎湖縣政府文化局，2010年出版。
張詠捷著：《頂山歲時》，澎湖縣白沙鄉公所，2009年出版。

在地旅遊諮詢站

吉貝遊客服務中心──
◎地址：澎湖縣白沙鄉吉貝村182之2號◎電話：06-9911487◎開放時間：07:00～18:00

號召海洋之子，為家鄉未來找出口

受訪◎吳雙澤　對談◎小野　執筆◎黃奕瀠

希望澎湖愈來愈好，成為島嶼發展的典範。

吳雙澤

澎湖縣馬公市

新故鄉動員令

動員者——吳雙澤，澎湖民宿業者，並擔任海洋公民基金會籌備處召集人。
動員組織——海洋公民基金會，籌備中。
基地：澎湖縣馬公市 **面積**：34平方公里 **人口數**：58,408人 **人口密度**：1,718人/平方公里 **平均年齡**：39歲（資料來源：內政部資料至2012年11月底）

這些年，當民間團體在台灣本島為了拯救環境頻吹號角時，澎湖人卻接連「擊退」博弈特區、隘門BOT等開發案；當財團政客說著離島有多窮，索求更多開發時，當地民眾卻大聲說不，澎湖因而被讚為「公民之島」。擔心「當明天澎湖再也不是澎湖」的澎湖人，開始相信自己有能力決定家鄉的未來，他們不僅開拓公共議題討論空間，還決心一起找回澎湖的價值。

挨家挨戶造訪，宣傳反賭公投

小野首先分享一個三十年不見的朋友帶來的「壞消息」：他夢想蓋個賭場，在澎湖大買土地，不料卻因公投「輸了一點點」而夢碎。小野因而好奇：這個看來通過易如反掌的公投案，怎麼可能翻盤？

二〇〇九年的博弈公投，是解開澎湖發展魔咒的鑰匙，吳雙澤正是打贏這場戰爭的戰將。開民宿的他，擔心家鄉將步上澳門後塵，製作了「菊島天堂，何必賭場」文宣，並和許多有心付出的地方民眾、環保人士結盟，挨家挨戶造訪宣傳，掃遍澎湖群島每一個角落，不但辦說明會，還細心教導長者什麼是公投，「老人家過去投票都只看人頭，我們教導他認字，要投三個字的：『不同意』。」

↗澎湖縣馬公市篤行十村出了不少明星，圖為已故歌手潘安邦的舊居。（范揚光攝／中國時報資料照片）

愛鄉勝過賺錢，生意人也支持

他指出，在反賭人士的努力下，連馬公商圈都掛起支持反賭的布條，也就是說，連渴望財源廣進的生意人都表態反對，讓吳雙澤對公投結果深感信心。最後，不同意設置賭場者贏了十二個百分點、四千票，若是公職選舉，這是險勝，但對人口不多的澎湖來說，卻是「愛鄉情感打敗了利益算計」的大贏。

這是公投法通過後第一次舉行的地方公投，也是澎湖的盛事，老人家們驕傲地說，國外的子孫沒放棄自己的權利，紛紛歸來。總計約有兩千名澎湖遊子返鄉投票，「澎湖的命運，是這樣一票又一票決定的。」

「澎湖像艘大船，居民雖有不同意見，但共體感很強，願意為大船行駛的方向討論。」吳雙澤認為，正因為人口少，所以有公民討論的空間和機會，這正是他們能夠擊敗許多開發案的原因。

以無煙囪工業，吸引遊子返鄉

反賭成功後，澎湖改變的契機浮現：澎湖人打開公共議題的討論空間，並營造各項資源媒合的平台。吳雙澤說：「我們不能夠只是反，必須重新思考，島嶼發展需要的是什麼？」於是，這些反賭運動的成員構思並籌備了海洋公民基金會。

澎湖孩子都是海洋之子，擁有得天獨厚的寶藏，但往往因現實的升學制度和就業問題離開。「很多父母都希望孩子飛出去，就不要再回來。」吳雙澤懷疑，為什麼澎湖不能有自己的另類教育？難道澎湖無法提供無煙囪工業讓遊子回來？依據澎湖特色打造發展空間，是海洋公民基金會的目標，他們希望藉此打造一條遊子回家的路，也吸引更多「新移民」齊來奉獻所長。

不過，海洋公民基金會需要募款五百萬元才能夠成立。吳雙澤希望能號召三百位社會大眾擔任共同發起人，每人只要捐助一萬元。吳雙澤話一出，小野立刻從皮包拿出一萬元，交給他：「因為澎湖是我的青春。」

澎湖，是許多台灣人難忘的回憶，也是侯孝賢導演鏡頭下《風櫃來的人》，但對吳雙澤等在地居民來說，卻是不得不保衛的家園。他誠懇邀請「澎湖的朋友們」一起來保護澎湖，成為它的一部分。

↗四面環海的澎湖縣擁有最佳的風場，適合發展風力發電。（陳可文攝／中國時報資料照片）

↖澎湖縣野放鱟魚的活動，吸引民眾熱情參與。（中國時報資料照片）

澎湖的風，是遊子的故鄉

「當夕陽灑在澎湖海灘上，而腳下是上萬隻海星，我感動到忍不住想對暗戀的女孩告白。」小野忍不住回憶起大學戶外採集課的種種，直道對澎湖懷有情感，那是他的青春。

對吳雙澤這樣與海洋為伍的澎湖孩子來說，生物採集是小學就有的課程，海星是親切的鄰居，但對大部分台灣人來說，第一次看到海星的體驗，都是在澎湖。師大生物系畢業的小野，難忘與澎湖海星的初相遇，還寫了本《無地海星》。

吳雙澤卻說，風才是澎湖的特色，「澎湖的風是遊子的鄉愁」。他在台灣本島生活期間，常騎腳踏車到海邊治鄉愁，直到治無可治，乾脆就回家，每天奔到海裡看珊瑚礁。

和大部分的澎湖子弟一樣，吳雙澤也是「小留學生」。十五歲從澎湖來到台灣本島讀書後，受到很大衝擊。出社會工作後，益發想念海洋。在台電服務的表哥因故過世，吳雙澤自身也生病，終日消沉

的他，九年前決定回鄉。「是澎湖救了我。」吳雙澤說，澎湖鄉親紛湧而來的關心和熟悉的海洋，讓他重新思考自己和家鄉的關係。他留下來，開了民宿，不再離開。

為下一代，勇敢無私守護故鄉

有兩個孩子的吳雙澤，時常寫信給女兒訴說自己的心願和理想：「記得在台大校友會館的第一次記者會，媽媽也偷偷抱你來參加，就在我剛朗誦完反賭新詩時，你們出現在教室的後面，讓我感到分外驚喜，其實我在念詩時，滿腦子想的就是你，以及你們這一代的孩子。」

環保運動許多動力都來自「為了下一代」。博弈公投封殺賭場後，環保運動者潘翰聲[註1]抱著女兒哭著說：「我們成功了！」吳雙澤也激動不已。他不希望將來孩子質問他：「為什麼當初不保護自己的故鄉？」

在小野好奇探問下，他透露自己因為崇拜李雙澤，在二十六歲那年改名。「李雙澤二十六歲那年因為救人喪生，我在同樣年紀時，走到人生十字路口，也想無私做點什麼事，所以改了名字。」吳雙澤期許，自己能像民歌手李雙澤一樣勇敢無私。

註1——潘翰聲，致力於環保運動及政治改革，曾多次代表台灣綠黨參加台北市議員及立法委員選舉。

↗澎湖被知名國際旅遊書推薦為世外桃源。（吳雙澤提供）

困境：澎湖拒「三害」，不合理的建設寧擋下

二〇一二年，吳雙澤接受採訪時，才剛和夥伴成功擋下「隘門沙灘BOT案」[註2]，接著馬不停蹄地為反對「大倉媽祖巨像案」遊說奔走，「澎湖稅收只有兩億，負債十八億，而媽祖文化園區卻耗資五、六億。」當社會福利及各項經費預算被排擠的情況下，這尊媽祖貴得讓許多澎湖人覺得承受不起。

「建設」是執政者最具體的成績單，但卻未必能顧及環境生態和土地倫理。「島嶼生態脆弱，發展是有限制的。」吳雙澤指出，澎湖只有五、六萬人，中央政府給的補助及離島建設基金並不少，但這些錢並沒有被妥善利用，而是被拿去大興土木，光是警察局的興建就花了一億。公部門不當的分配和管理，只是圖利財團開發，錢並沒有被用在可以永續發展的方向。

吳雙澤指出，過去政府花大錢在沙灘建造堤防、港口和消波塊等水泥物件，這「澎湖三害」不僅阻隔了人和海洋，也讓生物環境受到破壞，因此，現階段亟需作「簡化工程」，「先拿掉幾段，再來作海岸線觀測。」

「我們父母那一代或許以為建設是好事，但我們這一代有必要擋下不合理的建設。」吳雙澤說，這是為下一代留下良善政治和家園。他認為澎湖小、人口少，人民善良，「要有觀念教育，才有改變政治的機會。」

註2──隘門沙灘位於馬公機場旁，擁有珍貴的海洋資源及沙灘景觀，曾一度因為機場建設而遭到破壞，在當地居民努力之下逐漸復育有成。二〇一一年，交通部觀光局澎湖國家風景區管理處提出「隘門濱海渡假區促進民間投資開發計畫」，計畫在隘門沙灘上興建休閒別墅與國際觀光旅館，因應建設需要將砍伐兩千餘棵海岸防風樹種，以及遷徙百年墓區。

↗澎湖的海洋風光，讓人流連忘返。（郭娟秋攝／遠流資料室）

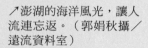

突圍：歡迎各界來「築夢」，打造澎湖夢想島

澎湖有三多：「老人多、墳墓多、廟宇多」，聽起來似乎帶著衰敗的景象，但事實上，不僅有許多年輕人願意返鄉，還有愈來愈多人為了追求更好的環境，「移民」到澎湖。

「澎湖人平均所得不高，但資源很多。」吳雙澤以澳門為誡：因為產業空洞、沒目標，所以成為自殺之島。相形之下，澎湖人窮卻知足，「從來沒有一個澎湖人從跨海大橋跳下去的。」不過，問題是要如何善用這些自然資源？

現今世界潮流是環保和低碳，這是澎湖擁有的優勢，吳雙澤認為，澎湖拒絕開發後，他們希望更多元的人文發展，從醫療到藝術，都可以媒合許多學有專才的鄉親和遊客共同來「築夢」。「例如，澎湖雖有醫院，卻缺少醫療專業人才，如果退休醫師們來澎湖生活半年或一年，不但可以享受島嶼風光，還可幫助我們建立醫療專業科別。」吳雙澤說，不僅如此，農業市集、造街、藝術文化或其他產業的有心人士，也能來此為營造澎湖找到一個新的出口。

知名國際旅遊書《寂寞星球》（*Lonely Planet*）曾推薦澎湖為二〇一一年全球十大世外桃源之一，像是給打贏「反賭戰爭」的澎湖人遲來的肯定。「綠色旅遊，藍色島嶼」是他們的夢想，吳雙澤更誓言讓澎湖成為島嶼發展的典範。

↗澎湖廟宇多，圖為著名的馬公天后宮。（郭娟秋攝／遠流資料室）

動員，齊步走

行動指南

加入海洋公民基金會，成為「共同發起人」。
前往澎湖縣，實地感受澎湖島嶼之美，體會不當開發為澎湖帶來的影響。
加入海洋公民基金會籌備處Facebook粉絲專頁，了解最新活動訊息。

官方網址

海洋公民基金會 http://penghucitizens.pixnet.net/blog

交通資訊

澎湖縣——◎地理位置：位於台灣本島西側的台灣海峽上，主要交通方式為航空運輸，起飛地有台北、台中、嘉義、台南、高雄，約30至50分鐘可抵達澎湖本島。

新故鄉動員令

山線

台東達仁	徐超斌
台東池上	蕭仁義
花蓮壽豐	顧瑜君
花蓮吉安	黃榮墩
宜蘭南澳	林慶台
宜蘭員山	賴青松
新北瑞芳	廖愛珠、陳書吟
台北士林	文海珍、戴吾明
桃園大溪	陳來紅、邱瓊淑
新竹關西	朱天衣
新竹尖石	亞弼・達利
苗栗大湖	謝粉玉
台中石岡	盧思岳
台中大雅	許振榮
台中和平	林建治
南投埔里	廖嘉展
彰化社頭	張嵎順、洪雅雯
嘉義阿里山	安志強、陳恆德
台南東山	陳顯茂
高雄桃源	柯玉琴、涂裕苓
高雄六龜	李婉玲、呂月如
高雄杉林	徐報寅

建構南迴健康照護網

受訪◎徐超斌　對談◎小野　執筆◎張翠芬

徐超斌

台東縣達仁鄉

新故鄉動員令

動員者——徐超斌，曾任職台南奇美醫院，現為台東縣達仁鄉衛生所主任。
動員組織——南迴健康促進關懷服務協會，2010年創立。
基地：台東縣達仁鄉　**面積**：306平方公里　**人口數**：3,824人　**人口密度**：12人/平方公里　**平均年齡**：39歲（資料來源：內政部資料至2012年11月底。）

「這裡是本島最被忽視的角落！」從台東市以南，到屏東楓港長達一百多公里的路程，是台灣本島唯一沒有醫院的地區，排灣族「太陽之子」徐超斌醫師，放棄在都市的高薪，回到台東老家服務，擔任達仁鄉衛生所主任。在部落稱為「超人醫生」。徐超斌因過度操勞，二〇〇六年在三十九歲壯年中風倒下，雖然身體左側癱瘓，他繼續以單手行醫。為了部落發展，他不斷自問：「我還能多做些什麼？」

本島唯一無醫院地區，普遍貧窮

達仁鄉位於台東縣最南端，對外交通相當不便，鄉內居民以排灣族原住民為主，經濟狀況普遍貧窮，低收入戶比率是全國平均值的四倍以上，青壯年人口多數外移謀生，隔代教養或單親家庭的比率高達七成。

徐超斌感慨，政府很重視離島醫療，特地訂了獎勵辦法，達仁鄉在本島最偏僻的位置，反而成了最被忽略的角落。部落裡的小孩半夜發燒或老人痛風發作，根本找不到醫生，要提心吊膽包車一個多小時到六十公里外的台東市區就醫，光是車費就要一、兩千元，對都市人來說，可能沒什麼，對原本就生活清苦的鄉民，這些錢可能是好幾個星期的生活費。

於是，超人醫師開始像超人般延長衛生所的門診時間，先加開夜間門診，接著又開辦假日門診，由於衛生所是朝九晚五的公務員，徐超斌乾脆自掏腰包請有執照的護士加班。他還到各部落巡迴醫療，從衛生所到最遠的部落，來回要六十公里，加上每天的通勤，一個禮拜的車程差不多等於環台一周。

↗徐超斌（後排中立者）結合在地人士和有志青年，成立南迴健康促進關懷服務協會。（徐超斌提供）

每月工作高達四百小時，三十九歲中風

白天在衛生所門診，下午到部落居家探視，晚上有夜間門診，加上在二十四小時急救站值大夜班，一個月工作時數高達四百小時。不眠不休地工作，「超人」終於病倒了。二〇〇六年九月十九日凌晨，在急救站看完最後一個病人，他想拿起桌上的水杯，手竟然搆不著，護士一量血壓已飆到兩百多，他診斷自己「中風」了。

在送醫途中，他滿腦子擔心的是「明天巡迴醫療誰去看？夜間門診怎麼辦？病人要去哪裡？」絲毫沒想到自己可能活不過這一關。經過半年休養，他重回崗位，雖然身體左側偏癱，只靠單手行醫，很多病人仍堅持要給「超人醫生」看病。對鄉民來說，徐超斌是讓他們「安心」的醫生，很多老病人只是過來看看他，探個頭說說話，就能換來一天的安心。

單手行醫治療身與心，病患愛戴

「我們不能只解決病痛，還要安撫病人的心，必須身心一起治療。」徐超斌說：「中風倒下去這件事，對我有很深的意義，以前我只想到醫療，現在我想多做一點，跨越醫療之外的工作。」例如，部落的人愛喝酒，因為他們多位於社會最底層，生活不穩定，喝酒是抒發壓力和社交，他們需要的是改善整體生活，學習如何正確飲酒，而不是從醫療上一直強調喝酒的壞處。

隨著大武急救站的成立，衛生所新醫療大樓落成啟用，到成立南迴健康促進關懷服務協會，徐超斌慢慢朝夢想邁進，他最終目的是成立「南迴醫院」。

↗中風後的徐超斌，每每望著家鄉，期待為南迴建立一個完善的健康照護網。（徐超斌提供）

↗重新整建的新大樓。（徐超斌提供）

↗未改建前的達仁鄉衛生所，設備老舊，藥品缺乏。（徐超斌提供）

巫師外婆、早逝二妹，讓他立志行醫

徐超斌有著排灣族原住民深邃的五官和嘹亮的歌聲，加上幽默風趣的口才，在校園和醫院中，都是叱吒風雲人物。走上行醫這條路，也算是有家族「傳承」。徐超斌的外婆是部落非常有名的巫師，小時候他常和外婆一起外出巡診，目睹許多奄奄一息的病人，在外婆作法後神奇地好轉，讓他深感驚奇，也在心底悄悄埋下未來行醫的種子。

二妹因病早逝則給了他更大的震撼。徐超斌回憶，有一天，二妹發高燒身體起紅疹，拖了四、五天才就醫，但已回天乏術。父親因悲傷過度，夜夜藉酒澆愁，喝醉了就帶姊弟三人到二妹孤墳過夜，父親總是跪在墳前泣訴：「對不起啊！女兒，是爸爸耽誤了你，因為醫院太遠了！」

當時年僅七歲的徐超斌，每天坐在屋簷下等父親回家，半夜被叫起床到荒郊野外，他對著黑夜在心中暗暗發誓：將來我一定要當醫生，就不會有人在送醫途中枉死了！

事業巔峰時毅然返鄉，堅持改善部落醫療環境

徐超斌從小成績優異，在鄉親期待下，他重考上了台北醫學院（今台北醫學大學），實現了兒時夢想。在台南奇美醫院完成急診專科訓練升任主治醫師，正是事業最巔峰的一刻，二〇〇二年，他決定返回部落服務偏鄉。

部落的醫療困頓，人力不足、設備老舊、藥品缺乏，首月拿到薪水單時，徐超斌差點昏

↖早年族人生病多仰賴巫醫，徐超斌的外婆就是部落裡有名的巫師。（徐超斌提供）

倒，因為薪水只剩原來的四分之一！他不忘初衷，滿腔熱情，加班再加班，就是想改善部落醫療環境。

超量工作病倒後的徐超斌坦承，在生病那段日子，曾絕望想終結自己生命，卻被族人的期盼拉回來，因為部落盼了五、六十年，好不容易盼到一個醫生，如果自我毀滅，他們情何以堪？「為了這些人，我要繼續勇敢地堅強下去！」

最終目標設南迴醫院，邁步向前

「表面上看來似乎是慘痛而無情的挫折與打擊，然而更深沉的意義是：打從我出生以來所做的一切努力，彷彿都是為倒下那一刻而準備！過去的我已經死亡，現在我要用肉身，幫助更多人，作為通往幸福的橋梁。」徐超斌在中風倒下之後，為自己的生命作了新的註解。

徐超斌說，這個夢想可能還要等一、二十年，「這樣做不見得會成功，但不做就永遠沒機會。」他先開一個頭，希望完成台灣醫療照護最後的一環，建構東海岸健康照護網。

小野不禁質疑：「我不相信世界上有『超人』，任何人工作繃到一個程度，一定會瘋掉。」徐超斌則笑稱：「超人已經倒了，現在，我是全國最帥的醫生！」他開朗地說：「我的帥不在外表五官，也不在內心深處，而是在部落老人快樂燦爛的笑容中，和部落孩子長大後勇敢自信的神采裡！」

困境：長照補助不合時宜，部落老人無所依

老杜是達仁鄉的獨居老人，多年膝下無子，他和老伴收養了一個兒子，但老伴早逝，養子又長年在外，根本沒有餘力關照父親。衛生所幫他申請居家照護服務，但礙於名下有原住民保留地，被縣府歸類於一般戶，老杜需自付部分負擔金額，可是，他每月僅靠六千元的老人年金過活，扣除健保費和水電費等基本開銷已所剩無幾，根本無力支付。

老杜日後因重病長期臥床過世，他瘦削的臉龐和枯槁的身形，格外令徐超斌心酸與不捨，因為，像這樣的獨居老人在達仁鄉約有百餘人。徐超斌清查鄉內一百多位獨居老人現況，發現只有七人受到政府居家服務照顧，許多貧苦需要照料的老人，因名下有原住民保留地，或住在外地的親人有工作，被政府排除在外。

「孩子的教育不能等，老人的陪伴關懷也不能等！」徐超斌說，留在部落的老人，守著祖先留下來的保留地，名義上雖擁有土地，但這些「祖產」位置都十分偏遠，沒有經濟效益，根本不能和都市寸土寸金的土地相比擬，很多被畫歸為一般戶的老人家，沒錢支付居家服務部分負擔費用，因此乾脆放棄申請。

徐超斌成立的「南迴健康促進關懷服務協會」，自費聘請八位有證照的居家服務員，陸續將五十幾位獨居老人納入照護範圍，由服務員協助打掃、送餐、醫療服務，甚至幫忙洗澡。

「政府訂的辦法，都是從台北看天下，根本沒考慮到部落的真正需求。」徐超斌批評，十年長照[註1]的補助標準，全是以都市的經驗法則訂定，對住在偏鄉部落的老人，完全不適用。政府應重新修改不合時宜的法令，將部落需要陪伴的老人納入長照保護傘。

註1——二〇〇六年蘇貞昌擔任行政院長期間，提出「我國長期照顧十年——大溫暖社會福利套案之旗艦計畫」，以整合相關政策與部會業務，並因應高齡化社會來臨，提供在地老化、全人照護等願景。

突圍：在最微弱的地方，發揮最大的愛的力量

中風後仍繼續留在部落服務的徐超斌，二〇一〇年九月獲法鼓山頒發「關懷生命慈悲獎」，他以獎金成立「南迴健康促進關懷服務協會」，從改善部落孩童教育環境、關懷獨居老人，到貧困家庭的急難救助，他說：要在最微弱的地方，發揮最大的愛的力量！

回鄉努力了十年，徐超斌發現，台灣城鄉資源嚴重不均的扭曲現象，依然嚴重。他醫治過數不清的病痛，拯救過無數的生命，但心中的失落感依舊很深，因為，窮鄉僻壤裡還有許多破碎的家庭及失落的靈魂，他很難以一己之力扛起重任。

在有限的資源下，他結合在地人士及有志青年籌組該協會，開辦「方舟教室」，輔導原住民孩子課業，還供應晚餐，假日並安排音樂、舞蹈及運動等才藝班，希望提升下一代的競爭力；對弱勢家庭則提供急難救助，並召募居家服務員探訪關懷部落老人。

協會目前最大的難題是資金短絀，光是運作經費支出每年至少需五十萬元，亟需社會各界伸出援手或加入志工行列。徐超斌說，他不希望企業大手筆一次就捐兩億，而是希望社會大眾小額長期捐款，如果有二十萬或更多人，每月捐一百元或一千元，就能協助東海岸被冷落的弱勢人群，讓協會長期運作下去。

↗部落的孩子放學後來到方舟教室，接受課業輔導。（徐超斌提供）

動員，齊步走

行動指南
以小額捐款方式支持偏遠地區醫療。
官方網址
南迴健康促進關懷服務協會 http://www.arksunshine.org/
捐款資訊
郵局劃撥帳號：06710086
◎戶名：台東縣南迴健康促進關懷服務協會◎洽詢電話：089-760037

耕耘有機稻米原鄉

受訪◎蕭仁義　對談◎小野　執筆◎楊舒媚

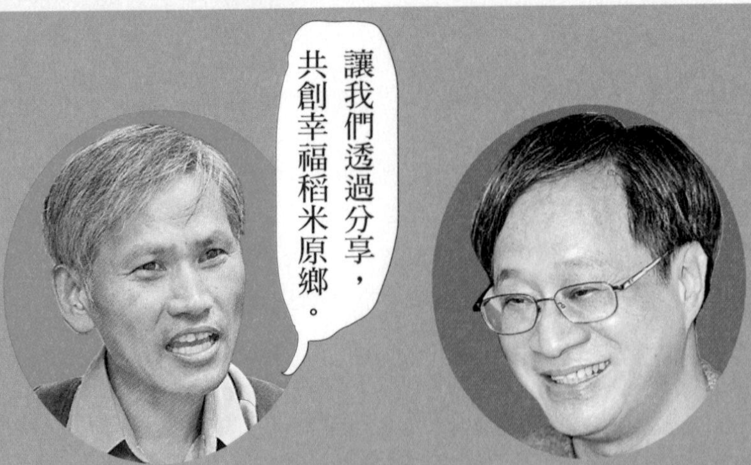

蕭仁義

台東縣池上鄉

新故鄉動員令

動員者──蕭仁義，曾任池上萬安社區發展協會理事長，現任職於中華電信台東服務處。

動員組織──池上萬安社區發展協會，1992年創立。

基地：台東縣池上鄉 **面積**：82.69平方公里 **人口數**：8,857人 **人口密度**：107人/平方公里 **平均年齡**：44歲（資料來源：內政部資料至2012年11月底。）

台灣近年在開發主義與環境保護間左右為難，小野說：「人類為追求文明發展，所以想出各種方式，但可能違反了大自然道理，因此受害。」求進步與敬天地，兩者之間究竟如何拿捏？小野和「稻米原鄉」推手——前池上萬安社區發展協會理事長蕭仁義，一同探究兩者共生的尺度。

完整有機稻田，得來不易

小野說，講到池上，他第一個想到的是知名的池上便當，還有「一大片」令人感動的稻田。小野口中的「一大片」，就是咖啡廣告中，一根電線桿都沒有，後來被遊客俗稱為「伯朗大道」旁的萬安社區稻田。

蕭仁義表示，台灣農地愈來愈少，就算有，不是中間有農舍、工廠，就是到處插了電線桿，並不完整，「但萬安這一整塊，全部約兩百公頃，至今半支電線桿都沒有，是全台絕無僅有的漂亮田地。」

蕭仁義說，這裡最可貴的不止是「一大塊」地，而是它是「一整塊有機米栽種地」。蕭仁義解釋，「台灣有機田地多半零碎、個人化，但萬安是舉全社區之力種有機，其間要溝通、說服農民，是極其困難的一件事。」

↗萬安社區稻田半根電線桿都沒有，是全台絕無僅有的有機米栽種地景觀。（蕭仁義提供）

不能「吃緊弄破碗」，步步謹慎

春耕阡陌連綿，夏翻青青稻浪，秋唱金黃穀穗，冬舞油菜花田，是池上萬安一年四季景色。萬安能保有一整片不被切割、按時依令作息的大地，蕭仁義是關鍵的耕耘者。

土生土長的池上客家人，蕭仁義有一份在中華電信的固定工作，還考上過證照，開了間消防公司。後來他被找去社區發展協會幫忙，一開始只是管管帳、打打雜；一九九七年，被選為社區總幹事；二〇〇一年，當頭遇上來年政府要加入WTO開放稻米進口的壓力。

蕭仁義說，遇到問題了，得和家鄉父老找條路，而且不能「吃緊弄破碗」，要找一條細水長流的路。他坦承，是先經過政府和米商資訊，了解有機米的市場價值；另一方面，「感受到父母靠這塊土地養活我們，後來用化學肥料擴充產量，但收益未必增加，灑藥也傷到了健康。」

趴回田裡除草，罵聲四起

二〇〇二年台灣加入WTO，蕭仁義說：「政府那時開放稻米進口，我們真的感受到衝擊。」在這之前，米商梁正賢以生意人眼光，觀察到有機米可以發展，早已著手說服池上農民種有機；另一方面，萬安於二〇〇一年剛好受農委會補助推動農村新風貌，「其中最重要的環節就是推動有機專業區。」有了前面的基礎，蕭仁義講：「萬安很幸運，區塊完整且水源獨立，於是可以順理成章地結合農民、糧商，成立產銷班做有機專區。」

隨著有機專區熟成，「保護土地，永續經營」如今深深注入在池上人觀念裡，但蕭仁義苦笑，「剛開始大家沒有經驗，農民一聽到要趴回田裡除草，罵都罵死了！」蕭仁義解釋：「十幾、二十年來大家習慣用除草劑[註1]輕鬆除草，誰會想再趴回去拔草！」一些同意「試試看」的農民，也在「看到田裡的草長起來時後悔了」，蕭仁義說：「當時農民碰到我們幾個帶頭的就唸：『你們都不知道辛苦』。米商梁正賢的碾米廠得經過有機田地，因為老被罵『都是你害我們這麼艱苦』，於是得趁天沒亮就摸黑去工廠。」

電線桿大作戰，景觀險毀

蕭仁義表示：「農民年紀這麼大，要他們如此轉變真的很辛苦，加上看別人把地賣掉賺錢，或蓋一堆農舍增值，大家也動心。」因此除了有機觀念的說服，更難的是要大家抵抗致富容易的誘惑。

蕭仁義講，二〇〇四年，伯朗大道突然冒出電線桿，「你知道第二天清晨起床看見田中央長出十根電線桿，那有多震驚！」繼續探聽之下，才知道電線桿「總共要立四十根」。原來，是有農家想蓋農舍、建倉庫，於是去申請台電送電。

蕭仁義一群人知道，四十根電線桿拉完，萬安「無障礙」景觀就毀了，於是好說歹說，終於勸下地主，保下「沒有電線桿的畫面」。

蕭仁義說：「以前我們很羨慕宜蘭蓋了一堆宜蘭厝，但現在『千萬不要』，只要蓋一間

註1——施用除草劑的危害包括藥劑的殘留、土壤表層枯乾無法涵養水分導致土壤硬化，以及對生態的破壞、對環境的汙染等。

農舍，就要立電線桿，耗費的成本是，萬安永遠『回不去了』。」

經歷「和農民躲貓貓」及「電線桿大作戰」後，蕭仁義說，一堆朋友討論，「要保護萬安其實是要讓大家知道農村的核心價值。」他們認為：「了解價值的許多元素在田地，既然萬安保有一大片完整的田地，加上池上米名聲遠播，不如就將池上打造成『稻米原鄉』。」

實際下田做，有助溝通

蕭仁義說：「池上農業是台灣的一小塊，但農業卻是池上的全部。」為了維護命脈，蕭仁義和夥伴全力說服社區農民做有機，「希望一個人做有機可能容易些，希望大家『全部』來做，實在很不容易。」但蕭仁義有項優勢，他曾經在台糖工作，也在台鐵當過站務員，還當過郵差送信，然後於中華電信擔任客服，一路走來，全在第一線，「差不多萬安每一家我都去過。」

長年的互動，使部分農民願意跟著他做做看，不過蕭仁義那時本身不務農，不知道田間操作實務，當有機理念遇上不斷冒出的雜草和福壽螺，「我家在田對面，遠遠看著田裡的農民那麼辛苦，心裡很懊悔，想說是不是錯了。」

後來蕭仁義收掉消防公司，收回原本託付親戚種的土地，親自下田，「真的做了，才體會『鋤禾日當午，汗滴禾下土』的難度，也才知道如何用實務和農民溝通。」

↗輪種油菜花就地養成稻田肥料，成為來到萬安的遊客最期待的美麗風景。（蕭仁義提供）

↖太陽下山時間比較晚，使得萬安的稻子有充分的日照，成長時間長，能吸取較多養分，稻穗也長得飽滿。（蕭仁義提供）

回歸原始農耕，似退實進

蕭仁義表示，對台灣而言，稻米種植牽涉水的涵養、糧食自給率，以及農村文化保存，「池上雖小，卻很關鍵。」因此整個萬安社區都投入有機稻作，希望由此推廣到整個池上，再輻射出去。蕭仁義引傳說是彌勒佛化身的布袋和尚禪理詩，「手把青秧插滿田，低頭望見水中天，六根清靜方為道，退步原來是向前。」他說：「池上一直持續在進步，但進步不一定是向前。」小野點點頭，「是啊，有機回到原始的農耕方式發展，看似退後，其實向前。」

經過責罵、猶豫，然後自己播種、巡水、鋤草、看天。如今，蕭仁義指甲縫裡，藏有「為了接受訪問用刷子刷過，可是刷不掉」的泥土。去不掉的土垢，或許正是扎根土地的印記。

↗為展現秋收風情，萬安社區曾在黃金稻穗間辦音樂會。（蕭仁義提供）

↗農田是體驗農家生活最實際的場所。圖為萬安工作假期的割稻活動。（蕭仁義提供）

困境：銷售通路問題多，賣米利潤遭把持

勸說打造有機社區時，蕭仁義說：「一開始有農民認為，那是騙人的，不願意配合。」部分農夫半信半疑地邊罵邊做，加上環保趨勢及莊稼人努力，才打出如今池上有機米一片天。

只是，雖然如今消費者也相信買有機米不只對健康有益，也是對土地和環境的回饋，但蕭仁義表示，「農民這麼辛苦，收益還是非常微薄。」「主要在產銷」，蕭仁義解釋，一般消費者是透過農會、米商，用比較高的價格購米，可是中間的利潤，仍被通路把持，沒有回饋到農民身上。還有部分米商，一方面想推有機米賺錢，但為保持其稀有性，又不希望太多農民加入，於是長期維持著不透明，「愈不透明就愈能壟斷市場。」

蕭仁義說，為解決中間商剝削，萬安推動直購，建立「稻米原鄉館」，一方面蒐羅農村文物作為展覽、觀光據點，另一項重要任務，就是「成為消費者與生產者間的平台」。

蕭仁義表示，其實他們的工作很簡單，就是讓消費者可透過網路直接向農民買米，「一些老農民根本不會電腦，自己沒能力建立網站。」蕭仁義說，他們幫忙建立直購網路，讓他們上到這個平台賣自己的東西。「只是，這個平台才初建立，尚需要消費者吃好逗相報，農民才能真正賺到錢。」

↖買有機米不只對健康有益，也是對土地和環境的回饋。（中國時報資料照片）

突圍：營造分享關係，邀你來找農夫

將池上打造成「稻米原鄉」，「其實有點兒不好意思，池上這麼一個小地方，怎麼去和江南的魚米之鄉，泰國、越南那樣大的稻米輸出國相比？」「可是池上的農民真的超認真。」蕭仁義說，他們白天在田裡工作，晚上還上輔導課，學習田間的管理知識；每天做田間紀錄，什麼時候下有機肥、何時插秧、何時鋤草，怎樣的天候下，該季的產量、品質如何，都作分析。

池上農民邱垂昌、林龍星、林龍山，曾連續於二〇〇四、二〇〇五、二〇〇六年分別贏得全國米質競賽總冠軍，為池上創下「三冠王」紀錄，蕭仁義表示：「稻米在池上發光、發亮，說這裡是稻米原鄉，應不為過。」

不過，蕭仁義認為，池上除了種出好米，應該還要能傳播農村核心價值，才是更適度的「原鄉」角色，因此萬安社區協會協助農民與消費者建立聯絡網，蕭仁義說：「例如農夫要用電話或e-mail關心消費者，『米收到沒有？味道如何啊？』消費者也可以透過農夫留下的資料，放假時，也許親自到池上看看，找找你自己的農夫、看看你吃飯的田。」

蕭仁義表示：「萬安在做的，就是讓消費者與生產者間不只存在消費行為，而是『分享』。」透過分享農村生活、分享田園風光，讓農村可以有觀光的附加價值，都市的大人、小孩，也可以藉機找回失去的、無法想像的農村價值。

動員，齊步走

行動指南

前往台東縣池上鄉萬安社區，實地體驗稻米原鄉的田園之美。
購買萬安社區生產的安全稻米，以消費方式支持有機農業。
加入池上萬安社區稻米原鄉館Facebook粉絲專頁，了解最新活動訊息。

官方網址

池上萬安社區稻米原鄉館 http://wanan197.blogspot.tw/

參觀資訊

池上萬安社區稻米原鄉館——
◎地址：台東縣池上鄉萬安村1鄰1-12號◎電話：089-863689
◎開放時間：週二至週日9:00～17:00，週一休館。

五味老屋號召賦活達人

受訪◎顧瑜君　對談◎小野　執筆◎江慧真

顧瑜君

花蓮縣壽豐鄉

動員者——顧瑜君，現任東華大學自然資源與環境學系教授。
動員組織——五味屋，2008年創立。
基地：花蓮縣壽豐鄉 **面積**：218平方公里 **人口數**：18,299人 **人口密度**：84人/平方公里 **平均年齡**：43歲（資料來源：內政部資料至2012年11月底。）

新故鄉動員令

一個台北來的外地人，把面臨拆除命運的日式老屋，變成了「充滿關係」的二手鋪。東華大學自然資源與環境學系教授顧瑜君，在花蓮縣壽豐鄉豐山村成立「五味屋」。對偏鄉孩子來說，當打開外地包裹的那一瞬間，每個來自「都市」的驚喜，都展現了一個新視野，讓他們看見外面的「世界」，意外創造了在地的尋寶天堂。

老屋求生存，活用二手店概念

擔任過東華大學駐校作家的小野回首那段日子，「每個禮拜有一天，一大清早就搭上太魯閣號，經過幾個長長暗暗的隧道後，赫然發現，花蓮一點都不遠，花蓮好近！」

火車駛入花蓮豐田火車站，早年，這裡是日本移民社會，車站斜前方，有個近八十年歷史的風鼓斗式舊建築，甘蔗葉鋪在屋頂四面斜下，有著濃濃的日式四國風格。二〇〇八年，屋主因房子老舊不想要了，退回給地主台鐵，台鐵因管理困難決定拆除；前豐田站長葉連春捨不得別具風味的老屋從此消失，四處奔走找上牛犁社區交流協會[註1]，最後以向台鐵租借土地形式，搶救老屋成功。

過去十幾年來，顧瑜君帶著學生在豐山村做社區營造和田野調查。老屋子雖不是古蹟，但大家都想留下它，村民找上她幫忙時，她有點苦惱，「怎麼做才符合在地需求？閒置空間再利用，很容易最後變成蚊子館……」顧瑜君發現，這裡社區營造項目有輔導外籍配偶、關懷老年人，卻獨獨沒有青少年部分，「如何把這裡變成有趣、孩子會主動自己來的地方，但絕非網咖，要常態性經營，還要有收入，不必向人伸手要錢，讓孩子學習交易的本質，二手店概念就此浮現。」

註1——牛犁社區交流協會的前身為「豐田牛犁工作群」，以辦理兒童讀經班與媽媽讀書會為主，二〇〇一年協會正式成立，開始跨足社區事務。

↗五味屋的二手物資來自全台各地。（黃世麒攝）

↗一間鐵路旁的日式舊房子，經過改造之後成了當地人的「SOGO百貨」。（江慧真攝）

募集公益物資，開啟探索天地

顧瑜君決定開賣廉價日用品，但當時除了一個空蕩的老房子，一個物資、一元經費也沒有，也沒有任何營運計畫，反正主要目的是帶孩子學習，也沒有要大富大貴，就試試看吧。開學前一天，孩子把紙箱做成展示架，笑談「開這家店，真是一個五味雜陳的過程啊！」就這樣，籌備不到兩個月，日式老屋掛起「五味屋」的招牌，開始營業。

五味屋向外界募集公益物資，孩子自己負起整理、歸類、定價、販售的工作，勞力所得再換算成點數，點數可換取店內想要的物品，「這像是一個探索行動，一個建立孩子探索自我的系統。」因為，當郵包送來的時候，你根本不知道箱子內是什麼。

顧瑜君說，有時是一支全新的錶，有時卻是沾滿狗屎的一雙鞋……孩子收到好東西，一開始很興奮，但下一秒卻很沮喪，他會問「為什麼這人有這麼棒的手錶卻不要？為什麼他可以過這麼好的生活？為什麼他要辛辛苦苦花時間花錢寄來一雙有狗屎的鞋？是不是他和我們一樣生活環境不好卻想要幫忙？」這個揭開箱子故事的過程，孩子認識了家以外的世界，理解了都市生活的人，視野因此開闊，開始設身處地多元思考。

經營邁入穩定，發起公益旅行

帶著孩子自食其力過生活，其實沒有想像中浪漫，「第一年房子漏水、白蟻猖獗，一天下來收入常只有六十元，連買便當都不夠，重要的是孩子成績若不太好，家長也會有意見，初期人數的起伏很大，支持和反對的聲音都有。」但顧瑜君始終堅持，解決問題、滿足需要，就是五味屋的學習目標；沒錢買展示架就找舊紙箱，狂風大雨來了就補缺口，客人殺價討便宜就學習應對進退。第二年，捐助物資慢慢湧入，五味屋邁入穩定，「村民開始來撿便宜、選好貨，當成花蓮的SOGO百貨，成了他們假日重要的去處。」

偏鄉童需要夢想，在五味屋找得到

在五味屋，不僅僅是物（二手物品）的交換，隨著旅行者把物資或勞力或專業送到這裡，旅行多了一層意義，成了人（公益旅行）[註2]的交流。

花蓮壽豐鄉小女孩「丸子」，和奶奶爸爸哥哥姊姊一起生活，學校成績不十分亮眼，常常躲在哥哥姊姊後面，聲音很小沒有信心。因為五味屋出現的一個人，帶給了她人生第一場大轉變。

二〇一二年三月，長期有國內外志工進駐的五味屋，來了一個法國志工Ema，這個被誤為是非洲人的女孩，闖入了丸子連台北都沒去過的人生。她好奇地繞在Ema身邊，跟著她學法文，此時，顧瑜君丟出了丸子的第一個生涯選擇：想不想邀請Ema回家住？丸子因此開始規畫大膽奇異的「Ema花蓮 Homestay方案」，在奶奶、爸爸和Ema「兩陣營」語言完全不通情形下，順利完成國民外交。

丸子把這個體驗寫成作文，得了花蓮縣全縣作文比賽佳作，五月間，丸子對顧瑜君說：「我長大要到巴黎學服裝設計，我要當衣服設計師。」孩子探索自我的過程，中間產生了信心和改變，現在開始有主張，終於啟動了第一把鑰匙。於是她們討論如何付諸行動，寫

↖顧瑜君（中）帶著孩子做二手買賣外，也幫他們輔導課業。（江慧真攝）

信給Ema，訂下二〇一三年小學畢業去巴黎的目標。顧瑜君說，或許，丸子的功課在一年半載之內不會突飛猛進，但她要改變生命的力量卻產生了，明年是否會成行沒人知道，但這一年就是一個認識旅程的很好學習，五味屋周邊的孩子也會跟著她一起去想這個巴黎夢，「鄉村的孩子一直在功課上追趕一個達不到的目標，到底什麼是他們適合的教育和出路？只有和他們生活，你才可能想出這個可能性。」

不追求單一價值，功利也是學習

這就是顧瑜君想要的教育方式。她說，五味屋走向第五年，世界和社會不斷地變動，但教育卻只要孩子念書，禁止孩子功利，但功利往往是藏在夢想裡面的，這是知識經濟的開始，讓孩子從小就知道，要勞動才有錢賺，這就是利中有情、情中有利，功利沒有錯誤，「丸子已經知道她想走的路，不見得一定要念大學，才能了解自己和學習的意義。」

顧瑜君原本念社工，後來到美國讀人類學，到花蓮東華大學，又從族群關係與文化研究所，換到教育研究所十四年，又到自然資源與環境學院；坐她旁邊的老師是研究鳥的，隔壁的是青蛙專家。她打造的五味屋，就像她的人生，不追求單一價值，不喜歡標準答案，雖然附近的學校不怎麼喜歡這套東西，但她始終堅持這樣做下去。

有感於近年觀光客來花蓮「拚命買、拚命照相」，顧瑜君希望「一起來花蓮生活認識孩子，但不要帶著服務或幫忙的心態，享受這裡的悠閒，再慢慢地離開！」她也號召全國「賦活達人」，來五味屋公益旅行，讓孩子見習一場瑕疵物的大復活。

註2——公益旅行是一種結合公益服務與旅行的休閒生活型態。

↖來自法國的志工Ema。（江慧真攝）

困境：搶學生做業績，喪失教育原意

和大城市相比，偏鄉教育資源長期短缺，但讓人難想像的是，以前，是孩子嗷嗷待哺苦等資源；現在，公部門為了要做業績，竟上演一場搶孩子大戰。

台北與花蓮之間教育資源差多少，顧瑜君看得很清楚。她感慨，鄉下因農村結構因素，老人小孩居多，但和每天趕著上才藝班補習班的都市孩子相比，鄉下孩子不見得比較快樂；有些孩子除了電腦、網路什麼都沒興趣，要讓孩子能夠找到興趣、信心，才會有那種自動學習的動力，如果他想要不一樣的人生，才有可能去理會功課，認知到要讀好書。

顧瑜君強調，當孩子狀態準備好的時候，政府教育資源下來，孩子才有辦法接收，才會有效。但事實是這樣嗎？現在中央、地方政府和社會各界都很關心偏鄉孩子教育，都知道要為這些孩子做課後補救教學，但學生人數不夠多，每個單位都要業績，結果到最後竟然變成政府和民間在搶孩子。

她舉例，某個鄉來了三個辦課後輔導的計畫，為了吸引學生，第一個教室提供菠蘿麵包，果然有孩子第一天就來報到，第二個教室只好跟進，第二天提供更好吃的肉鬆麵包，於是孩子又轉到那兒，「完全失去了教育原意，也浪費大筆資源。」

顧瑜君有個「水漲船高」的概念，只有當外在條件往上提升了一個位置，孩子就會是在這個位子。但這個水平，至今拉得很辛苦。

↗五味屋風鼓斗式建築，十分特別。（王明雪攝）

突圍：發起舊物修復計畫，藉旅行者把專業送進來

五味屋向外界募物資，獲得各界許多人士熱心捐贈，但捐贈的物資有可能是「甜蜜又沉重」的負擔，因為來源不穩，品質不定，真正能上架販售的約只有三成。

贊助運輸的新竹物流企業看到問題，與顧瑜君討論後調整，把方向從「二手捐輸」轉化成「親手選禮」。從原本只求「物盡其用」的觀念，提升到「衣裘與共」的分享精神，也就是捐贈者以團體為主，而且必須負起整理和打包的工作，成為「負責任的捐贈」，新竹物流提供優惠公益運價送到五味屋，不僅能減少貨運次數，同時也達到節能並確保品質。

二〇一二年，新竹物流再度捐贈「瑕疵家具」，並透過五味屋後方新蓋的「見性工坊」，做為「家具賦活」的基地。顧瑜君也向全國改造達人發出號召，只要是對木工、家具整理改造，或者修理腳踏車有一定能力的達人，歡迎到五味屋來一場「賦活旅行」，讓社區青少年透過專業協助和分享，經歷一場瑕疵家具的大復活，見證改造的意義。

↗來自美國的Paul正在教小朋友彈吉他。（黃世麒攝）

動員，齊步走

行動指南

前往花蓮縣壽豐鄉豐山村公益旅行。

捐贈五味屋所需要的物資。

加入五味屋Facebook粉絲專頁，了解最新活動訊息。

官方網址

五味屋 http://www.5wayhouse.org/

參觀資訊

五味屋——

◎地址：花蓮縣壽豐鄉豐山村站前街34號◎電話：03-8656922

◎開放時間：週六、日9:00～16:00

「臨時孫子」，拉青少年做志工

受訪◎黃榮墩　對談◎小野　執筆◎江慧真

如果你是好人，一起做
好事吧！如果不是，快
做好事變好人！

黃榮墩

花蓮縣吉安鄉

新故鄉動員令

動員者——黃榮墩，曾任國中老師，現任花蓮縣青少年公益組織協會理事長。
動員組織——花蓮縣青少年公益組織協會，1993年創立。
基地：花蓮縣吉安鄉 **面積**：65.26平方公里 **人口數**：81,205人 **人口密度**：1,244人/平方公里 **平均年齡**：40歲（資料來源：內政部資料至2012年11月底。）

很多的好事都不是計畫來的，而是人性的自省感受，在滾雪球後才意外發生的。二〇一二年暑假，花蓮縣青少年公益組織協會意外串聯全台發起「臨時孫子」運動，驚動了府院黨，前行政院長陳冲還緊急滅火宣布因應措施。小野詼諧破題地問：「我們一般都是拿『孫子』來罵人，這要怎麼做好事？」

「需要幫忙嗎？」伸出孫子溫暖的手

八月二十六日祖父母節這天，全台二十個火車站匯集了兩百名年輕志工，引起一陣騷動。但這不是十二年國教志工點數的發證活動，每個青少年來自不同學校，共同的通關密碼是「需要幫忙嗎？」藉由臉書和網路的互動串聯，他們以「臨時孫子」身分，在沒有手扶梯或站距遙遠的月台，為長者與弱勢者抬行李。這樣的自發行為，感動了受助者，也感染了旁觀者。

概念的發想，來自日本創意小物。花蓮縣青少年公益組織協會理事長黃榮墩說，他到日本京都旅遊時發現，木工藝品中有個抓癢的耙子，日本人稱作「孫子的手」；他想起台灣各火車站，常有老人大包小包來看孫子，卻得蹣跚走過長長的月台樓梯，不妨讓青少年化小愛為大愛，在老齡化社會中伸出孫子溫暖的手。

「這並不是一個縝密的規畫，是花蓮縣一對兄弟發起，意外在網路及手機上自發串聯，後來延續到全台各車站！」七月起，「臨時孫子」活動漸漸發燒，為避免年輕人受傷，協會發放「好人運動」毛巾，並傳授熱身操先行暖身，志工從國小、國高中生、大學生擴散到社會人士，眼見開學後活動就要收尾，沒想到意外逼使政府檢視車站設施，交通部還在行政院會中保證，逐步改善台鐵無障礙設施，五年內硬體旅客涵蓋率將達到九成五。

↗黃榮墩認為，青少年需要有機會從身體和心靈中追尋自我價值。（黃榮墩提供）

給予「關鍵經驗」，做善事從感覺開始

黃榮墩疾呼，不要老把青少年當成是弱者或犯罪者，他們只是需要一個「關鍵經驗」的來臨。投身青少年工作二十年，黃榮墩初期經常舉辦籃球賽、音樂會等，對青少年來說，如打籃球會發現彈性變好了、肌肉變強了，從身體和心靈當中追尋自己，找出身體感的成長和快樂，他們才會內化進而改變，但政府幾乎都把青少年可以成長的方式取代掉了。

「我反對大量活動外包給商業團體，可以和青少年發生關係的活動，不外乎是球賽和演唱會、社區活動等等，不管是身體的或邏輯的，年輕人感受度都很強，但政府把演唱會的音響燈光、節目策畫等全部外包了，年輕人可以參與的很少！」相反的，黃榮墩組「行善旅遊團」，帶青少年公益下鄉，體驗農村挖地瓜拔玉蜀黍，白吃白喝一頓，唯一的答謝任務是幫農家做影像簡介（Power Point），日後發生颱風或災變，青少年人在都市，心卻會關心地方災情，善念的動機就出來了。

教育部十二年國教，將「當志工」納入申請入學的計分項目，引爆國中生「非自願」志工潮。小野說，有人反對好事變成有目的的行善，也有人支持當志工會變成習慣，黃榮墩則樂觀看待，志願服務是一種信心，提供一個「關鍵經驗」的開始，做好事就是一種改變，很多善事從感覺開始，「沒有感覺的能力，不會有後面的知識操作，甚至助農的行為，青少年看到農民痛苦，會想出辦法嘗試改善，這也是佛家講的布施。」

↗青年學子在車站替素昧平生的長輩提行李，令路過旅客稱讚不已。（中國時報資料照片）

↗「臨時孫子」運動，迫使政府檢討車站設施是否適合高齡長輩使用。（陳志源攝）

教育體系逃兵，卻能讓青少年愛鄉愛土

對抗花蓮縣長傅崐萁收歸慶修院一戰成名的黃榮墩，長期耕耘東部，成立花蓮青少年公益組織近二十年。帶著大小孩子賣米、賣菜、賣薑，到車站提蔬果搬行李；說服青少年做公益，他很有一套，因為他原是國中老師。但沒多久，他卻當了教育體系的逃兵。

從小，黃榮墩就是個乖孩子，既不聰明也不搗亂；但他很怕老師，因為不會ㄅㄆㄇ所以常被打，一直到國小四年級，陰錯陽差來了個代課老師，在黑板上寫下了「甲加乙等於乙加甲」的代數觀念，讓他突然開竅，之後對讀書起了興趣，成績從此名列前茅，一路當上國中歷史老師。

「教書過程中我發現，青少年的眼睛是最明亮的，他會看透你是不是真的，是不是好的！」當台灣進入高度升學的年代，花蓮卻被遠遠拋下，偏鄉教育呈現了兩極化：不是升學就是放棄，原來，一個老師的力量無法改變學校和教育。他開始帶著青少年認識故鄉，從保護古蹟、愛鄉愛土活動做起，卻發現這也不對那也不對，最後只好綁白布條去抗議。

對花蓮農民來說，黃榮墩還有個出神入化的本領：賣菜。十年來，每當花蓮農產品價格崩盤，黃榮墩便開著小貨車進入農地，以盤價二至三倍的價格大量收購，再帶往大台北都會區，靠著志工的力量轉賣或贈送；受惠過的農家嘖嘖稱奇說，只要黃榮墩進場買貨七天，當地農產品的大盤價格就會被拉提上來。

↗辛苦栽種的農產品能賣得好價錢，讓農民露出欣慰的笑容。（黃世麒攝／中國時報資料照片）

創造城鄉互助模式，學習順天應人哲學

從一個斯文的老師，變成不再相信政府的公民運動發起者。黃榮墩感慨，本來，他很安穩於慶修院的古蹟文史保護活動，但當慶修院未經正常招標程序，被地方政府強行收走後，他發現，這麼良善之地，都會出現不好的事情，「我警醒，不要以為你做的善行，會給你任何保證，你必須繼續不斷地努力行善，才能保障生活會更好。」

於是，他創造了這個連結都市（大台北）和鄉村（花蓮縣），透過農產品的供需交流，形成了一種雙贏的城鄉互助模式。他反問，都市人因此可以便宜的買進農產品，農村的生存也得以維繫，這究竟是都市幫農村，還是農村幫都市？

台灣農產品產銷機制不正常，動不動就崩盤。黃榮墩有一套感性論述：農產品崩盤，是因為老天爺在這時候盛產了某個東西，所以多吃當季盛產品，就是幫助農民，我們必須學習順著老天爺，老天爺給啥就吃啥，給什麼就樂於享受什麼，「硬要在裡面挑最好的最甜的，就是逼農夫用盡方法去種出來，那就逆著自然愈走愈遠了！」

看老天爺臉色，或許就是最好的生活哲學。

↗黃榮墩經常組「行善旅遊團」，帶青少年公益下鄉，體驗農村生活。（黃榮墩提供）

困境：政府腳步沒跟上，公民運動推一把

發起「臨時孫子」活動之前，黃榮墩早因「一人一菜」運動，被鐵路局盯上了。二〇一二年春夏間豪雨不斷，五月下旬，蘇花公路坍方，花蓮農產品無法運來台北，導致價格暴跌。黃榮墩大舉買進高麗菜等蔬果，突發奇想動用公益概念，「山不轉路轉，公路不通，我們就走鐵路！」他號召乘客從花蓮火車站上車時，順手充當郵差，幫忙提一包蔬菜，到了台北車站再交由志工領走。

這個被視為「荒唐」的舉動，最後竟然引起廣大的參與。黃榮墩說，「一人一菜上火車」發動後，鐵路局看到一堆菜上了月台，第一個動作是叫警察趕人；但月台上的民眾卻相反，明知道這件事情很麻煩且怪怪的，既沒付運費，還可能造成困擾，但大家卻很熱心，甚至還有遠從新加坡來的志工幫忙，到了台北車站還乖乖交出來給志工，「當公民運動形成的時候，這到底合法還不合法？」

黃榮墩認為，法令當然要遵守，但公部門執法過程，常令人感慨萬千。花蓮警察在十字路口守株待兔，抓到違規紅燈右轉，高興地跳起來歡呼，他難過地上前和警察討論，「一張紅單罰幾百元很簡單，卻是農民一天總所得，他很可能因此去自殺！」執法者需要一點同理心，不能懷著中特獎的心情。

台灣邁入老年社會，但政府腳步卻沒跟上。老人為探望兒孫在月台走不動，暴露的是鐵路局硬體設備不足，一週後，行政院發出新聞稿，強調政府注入多少資源改善多少站點；因蘇花公路坍方的「一人一菜」運動，三天後，農糧署也宣布，只要蘇花公路中斷超過三天，火車運費減半，鐵路局的貨車上平板車廂也增加三倍。

「以政府跟上的結果來看，這些公民運動到底是合法還是非法？」公民運動的力量，讓政府修改了法令，黃榮墩認為，這是青少年行動前沒有預期的結果，做好事並沒有標舉這些目的，更沒有把政府當成抗爭對象，只是想要自己採取行動，讓事情更好，但政府卻得到很大的刺激，不得不去面對改變。他預言，「新社會運動」已蓄勢待發，公民社會有能力，我們不需事事求政府！

突圍：企業捐錢、部落送菜，再推「一鍋飯」

台北市杭州南路巷內的花蓮青少年公益組織「好人會館」前，常常堆滿農產品。有時候是南瓜，有時候是高麗菜，上面放著一張紙條：如果你是好人，請拿走一顆；如果你不是好人，請做一件好事！黃榮墩說，出乎意料的，多數人停下來瞧瞧，但想了一下，卻不拿東西走。為什麼大家都不覺得自己是好人？

在花蓮，黃榮墩養了一支超過六百人的「吃飯部隊」。他定期到黃昏果菜市場收購最差價的農產品，載回三級古蹟慶修院旁的農夫市集，半買半相送，再結合附近社區食堂、寺廟、安養中心等非營利組織和低收入戶，定時供米供餐供菜給他們，透過這個批菜、送菜機制，他解決了農民生存問題，也帶動社會互助行為。

多年來，黃榮墩以社會企業方式，向科技公司募款，扶植東部偏遠部落，讓農村社區居民擁有就業機會及生產能力。現在，景氣不好，失業率高，大家叫苦連天，他要發起「一鍋飯」新社會運動，讓大家聰明消費，吃得經濟又健康。

黃榮墩向小企業老闆和社區喊話，讓「社會互助」行為幫大家渡過難關。台北有八成以上是小辦公室，公司都有茶水間，老闆員工都要吃飯，如果沒有員工餐廳，他願意免費提供電子鍋，只要在茶水間設存錢筒，員工自由樂捐就有買米基金，青少年公益組織將提供來自花蓮最新鮮的有機米，大家便能吃到好米飯，甚至如果早餐要吃新鮮雞蛋、水果、蔬菜也都行，「不需要設有大規模的廚房，人人都可以吃得很便宜健康。」

動員，齊步走

行動指南

隨時隨地響應「臨時孫子活動」。

參加或推薦身邊的青少年朋友，加入花蓮縣青少年公益組織協會的志工行列。

加入「青少年公益組織」Facebook粉絲專頁，了解最新活動訊息。

官方網址

花蓮縣青少年公益組織協會 http://youth-volunteer.org.tw/

慶修院 http://www.heritage.org.tw/

參觀資訊

慶修院——◎地址：花蓮縣吉安鄉中興路345-1號◎電話：03-8529905/03-8463995/ 03-8535479◎開放時間：週二至週日8:30～17:00，週一休館。

傳道牧師喚起部落內在力量

受訪◎林慶台　對談◎吳念真　執筆◎江慧真

林慶台

宜蘭縣南澳鄉

新故鄉動員令

動員者──林慶台，長期從事傳教工作，2013年1月起任職烏來福山教會。
動員組織──金岳社區發展協會，1995年創立。
基地：宜蘭縣南澳鄉 **面積**：740平方公里 **人口數**：5,898人 **人口密度**：8人/平方公里 **平均年齡**：34歲（資料來源：內政部資料至2012年11月底。）

二〇一一年，國片《賽德克・巴萊》大放異彩，素人演員林慶台一夕爆紅。對影迷來說，林慶台飾演的角色，是賽德克族抗日英雄莫那・魯道；對脫下戲服的林慶台而言，銀幕中那個仇恨文明、哀傷漠然的靈魂，其實正是他自己。真實生活中的林慶台，既是獵人、木雕師、吉他手、裝潢師傅，更是宜蘭縣南澳鄉金岳教會的牧師諾萊（Nolay）。電影落幕了，他沒有停留在英雄身影裡，相關活動告一段落後，他毅然選擇離開，向請了兩年假的上帝報到。

無法面對現實，曾經抑鬱仇恨爛醉

很難想像，全台灣最迷人的兩位歐吉桑的對談，不是從磅礴激昂的文明抗爭開始，而是從「治胃潰瘍」的相濡以沫開場……。

以過來人身分，林慶台傳授了獨家祕方：把山羊的頭顱和小腿肚剁下來燉煮數小時，軟軟的膠質熬出來，喝下去保證有效。吳念真因長期藝術創作，神經性壓力導致胃潰瘍；但林慶台直接自首：「我是自殘性的胃潰瘍啦！因為我有過一段天天喝酒喝到爛醉的荒唐歲月。」

原來，《賽德克・巴萊》中老莫那・魯道的憂鬱氣質，不是靠養戲硬演出來的；賽德克族在霧社事件的悲壯，泰雅族的林慶台年少便已知味。他的荒唐歲月，正是原住民面對漢人社會和文明入侵時，無法適應的抑鬱寫照。

↗宜蘭縣南澳鄉東岳部落的飛魚祭，在族人充滿力量的戰舞中展開序曲。（李忠一攝／中國時報資料照片）

來不及學新的，文化的根已消失

目光淩厲的林慶台談起南澳部落，講到泰雅族人，眼底卻盡是溫柔。泰雅族人因異族入侵統治而遷徙至南澳，稱之為「葛蕾扇」（美麗富庶之意）。南澳鄉共有七個村落：金岳村、武塔村、碧候村、東岳村、南澳村、金洋村、澳花村；林慶台來自碧候村，長年服務於金岳教會。

林慶台感嘆，國民政府的統治、文明的入侵，這些過程太複雜，遠遠超過他們的能力，「我們被迫硬邦邦接受文明世界的規則，部落的習俗被淘汰，還來不及學會新的，文化的根卻消失了。」

曾為對抗公權力，氣到拿刀抗議

談起公權力，林慶台盡是悲憤。他從自家後方一個五百噸水塔說起：根據《原住民保留地開發管理辦法》，公共設施必須離部落五百公尺，「沒有！它就蓋在我家上頭，連一公尺都不到，開挖時還打壞了我的洗衣機！十年後又挖了一千五百多噸，這是保留地，一紙行政命令，地主也沒同意就蠻橫進入，我一生氣就拿刀去抗議，自己寫白布條掛起來，有人還拿一疊的鈔票要給我，最後是看到刀才不敢動工……」

政府訂定保育法令，又是對原住民的一種暴力。林慶台說，原住民其實很有保育概念，每年十一月打獵，隔年二月便停止，因為三到六月是動物的繁殖期。但《保育法》強制把原住民的律法丟到山上，「卻連最起碼的尊重、溝通都沒有！」現在比過去更糟糕，因為所有的生態、土地全毀了。

↗部落小朋友下課了，活力十足。（姚志平攝／中國時報資料照片）

↖為了讓小朋友了解泰雅文化傳承，林慶台（右）解說編製器具的技巧。（一九八八年，中國時報資料照片）

缺乏家庭奧援，部落的孩子沒有明天

外界以為原住民最大的問題是酗酒，事實上，關鍵在失業。「部落裡的年輕人，沒一個真正在過好日子！」他領悟到，會來教會聽講道的人，至少還顧得到，「但沒聽的人怎麼辦？我決定進到他們的生命中！」林慶台和擔任金岳社區發展協會總幹事的太太宋月娥，開始投入社區服務。

南澳人口不到六千，平均年齡三十四歲，足見壯年人口不足。「最難過的事情，是部落的孩子沒有明天！」村裡九成以上的孩子，爸媽都在外地打零工，平時交給老人教養，孩子一味學習現代，卻沒有傳統智慧，爸媽回部落時，往往傷痕累累，薪資微薄、喪志憤怒，無法提供孩子競爭力。

上帝的安排，讓林慶台在五十一歲意外踏入電影圈。成名光環下，他仍選擇回鄉，「影劇圈少了我，沒有太大差別；但教會沒了我，我沒有了部落小孩、老人，我會受不了！」過往的失意，都成了今日的能量；林慶台現在只想回鄉，奉獻自己的心力。

過往的失意，化為今日奉獻的能量

林慶台五歲失怙，媽媽投入教會工作，他六歲便跟著外公，上山學打獵、設陷阱。國小時，他是全宜蘭縣最棒的棒球投手，因而保送到宜蘭羅東一所棒球選手培訓國中，但才上第一個學期，就因遭三年級學長痛打，帶著仇恨回到了南澳家中。

國中畢業進入社會，舉凡汽車修理、裝潢木工、水電泥作甚至烹飪點心，林慶台樣樣都學過，但老被漢人鄙視欺負，羞辱他是「番仔」。有一回做沙琪瑪，老闆用台語要他拿「籃子」，不懂台語的他遞給老闆「棍子」，當場就被一拳揮下，從此，他壓抑封閉，開始今朝有酒今朝醉，甚至見漢人就打，過著自我放逐的沉淪日子。

林慶台的無助，沒有地方吶喊，整個求學和就業的過程中，除了「恨意」，他什麼都沒有學到，還因酗酒換來胃出血的代價。二十七歲，他終於想要改變，在姊姊的勸勉下，林慶台進了神學院，步上傳道之路。

投入社區再造，為原住民找未來

「孩子一定要接受教育，未來才有希望！」林慶台投入孩子課業輔導，並和世界展望會、仰山文教基金會[註1]及退休老師合作，讓資源進入社區學校；他列舉南澳鄉三個社區協會包括金岳、南澳、東岳等，現在都做得很好。

林慶台的個人魅力，讓不少企業捧著鈔票前來，但他紋風不動，一臉酷樣地說：「先來南澳作客吧！只有了解我們，才會知道需求在哪裡。」林慶台矢志，唯有自我內在力量的聚集，打造成功的社區模式，七個村落一起站起來，原住民才能在文明世界裡找到未來！

註1——仰山基金會成立於一九九〇年，由前宜蘭縣長游錫堃捐出競選結餘經費，並結合地方企業界與文教界人士而成立，工作內容為推動、參與宜蘭地區文化教育相關工作，包括社區營造、「宜蘭厝」之地景改造計畫、宜蘭社區大學設立等等。

↖林慶台（左）積極投入南澳社區服務。（金岳社區發展協會執行長宋月娥提供）

困境：點火之後……缺的是經費、專才

林慶台指出，南澳鄉七個村中，金岳、南澳和東岳這三個社區發展協會成績有目共睹。金岳社區發展協會是他和太太宋月娥投入最多心血的地方，但他自謙自己只是一個「點火人」，功勞不在他一人。金岳社區約二十戶，發展主軸在打造部落廚房（莎韻廚房）、建造穀倉和瞭望台、設立木雕教育中心或公共舞台空間等，並常邀請耆老舉辦傳統技藝傳承活動。

一九九五年成立的南澳社區發展協會，規模比較大，社區共有七百二十戶，約兩千多人，在理事長張遴、總幹事葉振福聯手努力下，希望創造就業機會、行銷傳統手工藝產業，更重要的是建立法律諮詢部門，以解決族人法律問題。但社區營造的困境，長期都處在缺乏專才、志工過少的情況下，導致經費和發展都必須依靠政府機關補助。

成立已超過十八年的東岳社區發展協會，近年有七年級生進駐策畫。社區約六百人，主要以投入環境改善為優先，規畫部落生態旅遊設施，希望能整合社區產業與文化，但困境也在於缺乏專才經費，且派系紛爭多，社區共識凝聚不易。

↗上帝的安排，讓林慶台在五十一歲的時候意外踏入電影圈，主演《賽德克・巴萊》。（《電影・巴萊》書封／遠流出版提供）

突圍：以司馬庫斯為範本，發展觀光農產提振原鄉

眼見部落一步步走向衰亡，林慶台的心中，有無限的痛。他希望，喚起南澳鄉各村團結，一一活化社區協會，共同整合出新方向，例如發展觀光產業，可仿照新竹縣尖石鄉司馬庫斯部落共同經營民宿，讓原住民鄉重新活起來。

原鄉最大的悲哀，是資源無法用在真正需要的人身上。也是世界展望會義工的林慶台回憶，以前展望會補助孩童學雜費，他陪同發放時，卻有位等著領錢的媽媽大喊：「快一點！快一點！我要去賭博呢！」展望會的人都還沒離開，已看到她買好酒請客了，「我看了真的很氣，但我們不能剝奪孩子的機會，因為錯的人是媽媽啊。」

幾次經驗下來，林慶台學會把援助窗口放到教育系統，如在學校設立帳戶，或由老師發放來解決現有困境。至於酗酒和失業，林慶台只好土法煉鋼，自己接了木工或裝潢生意，就找村民一起做，或者有時間就陪伴他們，傾聽他們的心聲，「我不會有求必應、全部承諾，但我有多少能力就做多少，能幫一個是一個！」

南澳生產香菇、哈密瓜、西瓜，但卻苦於不懂行銷。林慶台說，很多農地被迫休耕，休耕獎勵不成比例。他曾推動糯米耕作、製作小米酒，一瓶可賣三百元，算是不錯的經驗。

林慶台曾在司馬庫斯擔任兩年牧師，參與規畫了司馬庫斯社區模式。他坦言，當時也有利益衝突，但一面排解紛爭一面努力，凝聚力來了就可以成功。南澳雖然比較複雜，但先把幹部和耆老集合起來，一定可以整合出發展機會。

動員，齊步走

行動指南

前往宜蘭縣南澳鄉金岳社區，探訪泰雅原鄉風情。

加入「金岳社區」Facebook粉絲專頁，了解最新活動訊息。

交通資訊

宜蘭南澳鄉金岳社區——◎地理位置：位於宜蘭縣南澳鄉的東北側，距南澳火車站車程約10分鐘，社區有兩條主要道路，分別連接9號省道蘇花公路及相鄰的碧候村。

來逛大宅院挺小農

受訪◎賴青松　對談◎吳念真　執筆◎高有智

結交一個種田的好朋友，為自己跟孩子保留一條歸鄉的路。

賴青松

宜蘭縣員山鄉

新故鄉動員令

動員者──賴青松，日本國立岡山大學環境法碩士，曾任職主婦聯盟，2006年曾擔任農委會新農業運動「漂鳥計畫」代言人，現職為農夫。

動員組織──青松米．穀東俱樂部，2004年創立。

基地：宜蘭縣員山鄉 **面積**：112平方公里 **人口數**：32,110人 **人口密度**：287人/平方公里 **平均年齡**：41歲（資料來源：內政部資料至2012年11月底。）

留日碩士賴青松在宜蘭員山深耕的「青松米．穀東俱樂部」故事，感動許多人，也帶動了一股返鄉務農的新力量。如今他和一群宜蘭小農合組「大宅院友善市集」，匯聚微弱的小農力量，他們分享自己的農作物，分享對土地的熱愛，也分享未來的願景，希望能為當地農業找到銷售的新管道。

都市少爺變牧童，奠定未來務農路

導演吳念真一見到賴青松的模樣，講起話來溫文儒雅，文質彬彬，很難相信他是專業農夫，忍不住打趣虧他說：「你不像農夫啦，你就像留學生，我還比你像農人！」然而，這位「另類農夫」早在青澀年少的時代，務農的種子就已經埋進心田。

賴青松的父親早年經商失敗，工廠倒閉關門，因為違反票據法遭到通緝，全家就此過著漂泊離散的日子，賴青松甚至換了三所國中才完成學業。在國中一年級時，賴青松和弟妹回到台中大雅的阿公家，本來是在都市玩遙控汽車的「少爺」，轉身一變成了「專業牧童」，替阿公牽牛。他還記得，第一次舉起鋤頭，不小心傷到自己，在左腳拇趾上留下一道鮮紅的傷口。這段「農村留學」的經驗，成為他選擇務農道路的最初起點，如今則又重回當年阿公行過的那條田埂路。

賴青松說，鄉下阿公家的生活很簡樸，連衛生紙都還是用麻草稈代替，後來上了台北就讀永和國中，都市的生活步調跟鄉下截然不同，當時他就心想，未來長大之後，一定要回

↗賴青松和一群宜蘭小農合組「大宅院友善市集」，分享自己的農作物以及對土地的熱愛。圖為穀東俱樂部成員體驗農家收割。（賴青松提供）

↗賴青松帶領孩子們體驗農事。（楊文全提供）

↗穀東俱樂部舉辦的插秧活動。（楊文全提供）

到鄉下過日子。鄉下的物質條件簡單，但是天開地闊，內心總是感到很富足。「如果遇到不開心的事，我就可以躲到樹上，腳底下的滾滾紅塵都跟我無關。天地和田園都是我的，時空可以無限膨脹，內心就可以得到滿足。」

渴望農村生活，棄讀博士當農夫

基於對農村生活的渴望，賴青松畢業後，曾經在主婦聯盟[註1]推動共同購買的工作，也從事日文翻譯，最後決定舉家搬遷回老婆娘家宜蘭定居，逐步踏上全職農耕的生活。儘管期間一度留學日本，賴青松仍透過網路，開始與台灣友人構思有機耕作的方式，共同創立「穀東俱樂部」的新模式。在日本時，教授鼓勵他繼續深造，攻讀博士學位，當時徬徨之際，老婆曾問他一句：「你比較喜歡當博士？還是當農夫？」因而促使他決定，返回宜蘭當農夫。

走上務農之路後，賴青松也看到其他許多小農的困境，尤其是產銷能力不足，因此他決定以宜蘭員山為基地，向外擴散協助更多宜蘭小農。二〇〇九年，他和友人李寶蓮開始和宜蘭小農結盟，成立了「大宅院友善市集」。一開始在一家私人餐廳門前庭院擺攤，許多消費者都找不到地點，幾度搬遷位置，如今得到宜蘭縣文化局的支持，固定在宜蘭火車站前的演藝廳中庭擺攤，約有二十幾個攤位，除了在地農特產品，也有許多手工藝品。

註1——主婦聯盟生活消費合作社緣起於一百多個家庭以共同購買方式，直接向農友訂購米和葡萄，其理念是希望透過消費安全、健康、環保的生活必需品，減少地球生態破壞，同時支持本土農業與協助弱勢族群，並且創造一個社員可以充分發揮的合作事業。

生命帳簿的累積，「心歸鄉」的感動

人稱「阿寶」的李寶蓮，平日多半在梨山照顧果樹，她和賴青松兩人都擅長寫作，也懂得行銷。賴青松說，他和阿寶的聲音或許可以比其他農夫傳得遠一點，所以結盟成立市集，就是希望外界也能看到其他小農，有機會找到新的銷售管道。「讓願意留在土地上的農民可以被看見，只要被看見就有希望。」

回首來時路，雖然不少人笑他痴傻，但賴青松還是認為這一切很值得，就算長路漫漫，走起來卻很踏實，「我想，這些年的快樂與成就，並非累積在金錢帳目，而是累積在生命的帳簿裡。」

二〇〇四年成立的穀東俱樂部，刺激與啟發不少年輕人回到鄉村，賴青松說，雖然這股潮流不大，但已有超過十位「穀東」在鄉村找到自己的新故鄉。他以類似「愛的宣言」口吻告白說：「對我而言，不是出生地才叫做故鄉，而是自己曾經澆灌血汗的地方，曾經戀愛過的土地，這就是『故鄉』。」

他也提倡「心歸鄉」運動，強調人不一定要歸鄉務農，不管是在農村生活的人，或者是偶爾到鄉下度假的人，心都可以「歸鄉」，永遠可以選擇在鄉村放下自己的心，認同農村土地與生活。

↖宜蘭的「大宅院友善市集」，匯聚微弱的小農力量，希望能開拓農業的新契機。（賴青松提供）

兒時流離記憶不再，找到人生歸屬

「務農是一種自我宣示，這裡的土地有自己付出的血汗、心力和精神，土地有自己的味道，不必再被問何時要走，可以找到自己的歸屬感。」賴青松以「邊緣者」為自己的人生留下註腳，兒時四處搬遷的流離記憶，讓賴青松不斷尋找心中的「原風景」，因為故鄉早就不存在，想要讓孩子在成長過程留下美好回憶，選擇在宜蘭農村定居，當作彌補人生的遺憾。

「三十歲之前，我都做別人的事；三十歲之後，我想做自己想做的事。」一九七〇年出生的賴青松，在聯考制度中摸索自我，卻始終和主流社會格格不入。直到三十歲時，他決定拿起鋤頭到宜蘭務農，拋棄了社會既定的方向盤，反而更能率性自在，「我從前死抓著方向盤，卻也始終到不了目的地，如今丟掉了方向盤，反而更能享受人生，享受每時每刻的風景。」

四十幾歲出頭的賴青松，住最久的地方就是宜蘭員山。他曾經在城鄉之間擺盪，或許因為過去生活太漂泊，如今渴望安定。定居務農後，他從此展開人生的視野，也拉開生命的縱深。回到宜蘭時，當時大女兒只有兩歲半，如今十四歲了，跟他一樣不喜歡台北的都市生活，「我曾經在鄉下生活，有過美好回憶。我自己不可能賺大錢，如果我不能為孩子留下財產，至少可以為他們留下記憶，記得鄉村的美好生活，有著開闊的天空，一望無際的大地。」

困境：務農障礙多，年輕人裹足不前

二〇〇六年北宜高速公路通車，雖然為宜蘭人帶來交通的便利，但外來的投資客炒作農地，在宜蘭各處大量興建豪華農舍，也成為當地小農發展的困境之一。

賴青松說，北宜高速公路把宜蘭快速收編到大台北的周邊生活圈，加速了土地炒作，導致豪華農舍與民宿林立，許多農地淪為休閒使用，使得土地成本上揚，讓原本有意返鄉務農的青年必須面對更多務農障礙，直接影響了當地農業的發展。

此外，宜蘭有機小農的生存空間，除了受到大環境對農業重視程度影響，消費者也必須改變觀念，願意支持並消費有機農產品，小農本身則必須加強行銷能力，但「缺少行銷人才，仍是當前農村的普遍困境」。

賴青松說，鄉下缺乏專業人才，許多在都市常見的電腦、行銷、企畫與國際交流等專業人員，在鄉下都炙手可熱。「我只能算是二流半的人才，在都市並不容易突顯，在鄉下其實就很好用，因為鄉下資源太貧瘠。」他強調，許多從小在農村長大的青年都想出去，想要吸引年輕人返鄉務農，收入至少要能維持基本生活，「目前許多有能力或有想法的年輕人，還是不願意回到農村，這是非常需要正視的問題。」

↖市集內除了販售農特產品，也有許多手工藝品。（賴青松提供）

突圍：穀東出錢他出力，有機農耕新模式

賴青松當初放棄繼續攻讀博士的機會，選擇帶著一家子在宜蘭縣員山鄉農耕。他自稱為「志願農民」，獨力管理五甲多農田，背後老闆是一群認同土地的都市人，合組穀東俱樂部。「穀東」出錢他出力，收成的稻米則分給穀東。稻米和勞力的交換，打造有機農耕的新模式。

賴青松搬到宜蘭時，原先過著「半翻譯半農耕」的生活，一開始是向丈人借用兩分半地種菜，從事有機耕作，後來才轉種稻。沒想到，第一次收成就開始苦惱，因為賣不出去，「當時有一半的米都送出去，整個通訊錄都送過了，最後透過朋友的交情，勉強把剩下的米半賣半送推銷出去。」

原本以為自己不是務農賣米的料，後來這批有機米卻有了口碑，在朋友支持下，賴青松從日本返國後，就開始了穀東俱樂部的夢想。目前一年約有三百位穀東，農地約有五甲多，穀東們支付所有耕種的成本，包括他的薪水。

穀東俱樂部的模式最關鍵還是「選人」，並不容易複製推廣。賴青松坦承，因為穀東充分信任他，他也願意嚴格遵守有機耕作的做法，這是「花錢買誠實」，其他人並不保證可以做到。更何況，他從事的並非一級產業，而是六級產業。他不僅要種田，還要寫文章分享，舉辦體驗活動，還有設計客製化伴手禮。相較之下，傳統的農民恐怕還是寧願把米交給農會。

動員，齊步走

行動指南

前往宜蘭市走逛大宅院友善市集，與在地小農面對面，了解農產的生產方式與栽種理念，並以實際購買支持小農。參加市集舉辦的相關講座與工作坊，增進「低碳生活」、「友善耕作」、「綠色消費」等環保與農業觀念的了解。

加入大宅院友善市集Facebook粉絲專頁，了解最新活動訊息。

官方網址

青松米・穀東俱樂部 http://blog.roodo.com/sioong

大宅院友善市集 http://ciximarket.blogspot.tw/

參觀資訊

大宅院友善市集──◎地址：宜蘭縣宜蘭市中山路2段482號（宜蘭市演藝廳中庭廣場）◎營業時間：每月第一週、第三週星期六9:00～13:00

遊子重返童話村

受訪◎廖愛珠、陳書吟　對談◎吳念真　執筆◎謝錦芳

廖愛珠　陳書吟

新故鄉動員令

動員者——廖愛珠，曾任國小教師，現任三貂嶺文史工作站主持人。**陳書吟**，台大建築與城鄉所畢業，現任板橋社區大學瑞芳分校主任祕書。
動員組織——三貂嶺文史工作站，2011年創立。**鐵道少女工作室**，2012年創立。
基地：新北市瑞芳區 **面積**：71平方公里 **人口數**：41,658人 **人口密度**：589人/平方公里 **平均年齡**：42歲（資料來源：內政部資料至2012年11月底。）

「不必去西班牙，台灣就有聖地牙哥。」吳念真說，西班牙人占領台灣時，將瑞芳一處地勢險峻之地命名為「聖地牙哥」，台語就成了「三貂嶺」；由於煤礦沒落、人口嚴重外流，這個世外桃源像極了日本動畫導演宮崎駿電影中的童話村。因緣際會下，三貂嶺文史工作者廖愛珠與「鐵道少女」陳書吟共同結合當地居民與返鄉遊子的力量，要把三貂嶺打造為平溪線上的「綠光寶盒」。

曾因採礦繁榮，現只剩耆老獨守

三貂嶺為平溪線鐵路的起點，位於平溪線與宜蘭線交會處，而平溪線為台灣最早的運煤鐵路。吳念真指出，三貂嶺早期因煤礦的開採而繁榮，停止採礦後，鐵道轉折點移至侯硐，三貂嶺逐漸沒落。他感性地說：「雖然年輕人都走了，僅存的二十多位阿公阿嬤獨享基隆河最美麗的一段，守著唯一的火車站。對他們而言，時間好像凝固了，這是一個多麼寧靜的化外之地。」

三貂嶺是一個汽車到不了的小站。作家劉克襄形容：「三貂嶺是小站中的明星，最孤僻卻也最亮麗。它集合了很多小站的特質，隱隱中，卻又有大站的風味。」廖愛珠的阿公在三貂嶺經營煤礦，家裡也開雜貨店。她記得：「小時候三貂嶺火車站非常忙碌，最高級的莒光號都有停。最輝煌的時候，全村有七百多人；沒想到半世紀後，只剩二十多人。」

↗陳書吟（右二）與廖愛珠（中）結合板橋社大瑞芳分校，發起基隆河的溯河藝術行動。（板橋社區大學瑞芳分校影像創作班提供）

房舍傍水而築，老地方故事多

「鐵道少女」陳書吟兩年前首次來到三貂嶺，下了火車站的第一印象是「哇！下面就是基隆河，從來沒想過可以距離河流這麼近。房舍依河而建，鐵軌就在旁邊，連柵欄都沒有。」她笑說：「煤礦沒落後，許多房舍廢棄，雜草叢生，好像隨時有貂會跳出來。」

自瑞芳國小退休後，廖愛珠回到出生地三貂嶺，並成為板橋社區大學志工。有一次，廖愛珠帶領陳書吟與一群藝術家、建築師來到充滿神祕色彩的三貂嶺，心中湧出一個想法「希望更多人來分享三貂嶺的寧靜」。在老家的青楓樹下，廖愛珠拿出舊照片分享小時候的記憶，大家聽得津津有味，後來這群人化身為「鐵道少女」，把這些故事集合成《綠光寶盒・三貂嶺》一書，想吸引更多人來聽故事。

小礦村大緣分，同鄉話題聊不完

廖愛珠與吳念真是同鄉，兩人對「三貂嶺」有說不完的故事。吳念真說，小時候老師告訴他：「侯硐是因為山洞裡有猴子，三貂嶺是因為山上有三隻貂。」他回去跟阿公講，結果被阿公罵說：「台灣這麼熱，怎麼會有貂？」傳說「三貂嶺」是西班牙人以家鄉的名稱命名而來，吳念真開玩笑說：「不必去西班牙，也不必去美國，台灣就有了。」

儘管先前不認識，吳念真與廖愛珠見了面卻像老朋友。吳念真念的是侯硐國小，三年級起有許多同學來自碩仁國小。「我們班有一位叫王鍊榮，一位方興竹，還有一位漂亮女生

↗三貂嶺車站依山壁而建，少有遊客造訪。（中國時報資料照片）

↗三貂嶺舊照片，當中可見基隆河穿越聚落的地理景觀。（三貂嶺機關庫聯誼會、三貂嶺文史工作室提供）

叫楊麗花。」他突然唸出小學同學的名字，沒想到廖愛珠都認識。她說：「同村子的人，當然都認識。」

提起小學同學會，吳念真興奮起來。「我同學很喜歡辦同學會，他們幾乎每個月都辦一次，因為礦村是一個生命共同體，大家感情特別好。」「我參加了一次，後來實在抽不出時間，他們就不找我了。」

三貂嶺長大的廖愛珠，高中就到台北念書，先後在水湳洞、金瓜石、九份與瑞芳國小教書。見到吳念真，廖愛珠說：「瑞芳國小百年校慶時我曾看到你。」吳念真掐指一算，瑞芳國小二〇一三年要過一百一十二周年校慶了。

三貂嶺有三寶，古道瀑布壺穴

煤礦、鐵路與歷史遺跡是三貂嶺最特別的地方。廖愛珠說：「三貂嶺有古道、瀑布及特殊的壺穴。」吳念真補充說：「許多人來侯硐看貓，吃吃喝喝之後就走了，非常可惜。如果再往裡面走，可以走到三貂嶺，那是基隆河的源頭，那兒的壺穴地形，是基隆河最美的一段。」

煤礦沒落後，三貂嶺如何恢復昔日的繁榮？陳書吟與廖愛珠結合板橋社大，共同進行三貂嶺碩仁國小空間改造工作。畢業於台大建築與城鄉所的陳書吟，平常就愛在城市大街小巷裡穿梭，二〇一二年要與藝術家吳瑪俐合作，以基隆河的溯河藝術行動讓更多人參與。希望離鄉遊子學習鮭魚的精神，再次回到三貂嶺，也希望喜愛三貂嶺的人，共同來維護這份獨特的寧靜與美麗。

改造家鄉一肩扛，都是因為愛

因為熱愛三貂嶺，他們變得雞婆起來。對於鐵道少女陳書吟與在地文史工作者廖愛珠的結合，要把三貂嶺打造為平溪線上的「綠光寶盒」，吳念真認為很有創意。他感嘆說：「我非常了解你們的心情，你們比我幸運。我自己的家鄉瑞芳大山里（俗稱大粗坑）已經被除籍，什麼都沒有了，只剩下兩棟破建築，很淒涼。」

「無論莒光號或太魯閣號，即使到了三貂嶺，沒半個人下車，那二十多位阿公阿嬤的日子依然閒散，腳下就是基隆河的聲音，他們擁有屬於自己的天地。三貂嶺像不像日本的童話村？」對三貂嶺再熟悉不過的吳念真，為此地留下一個最貼切的註腳。

↖碩仁國小昔日的同窗，透過同學會號召遊子返鄉。（板橋社大陳書吟提供）

困境：九份前車之鑑，人潮破壞寧靜

吳念真擔任編劇的《悲情城市》讓九份爆紅，假日人山人海，塞車已是家常便飯。許多人罵他說：「都是因為你們，讓九份變成這樣。」吳念真因而感嘆：「如果有兩萬人湧入三貂嶺，那不是把這個小村踩扁了？」同樣問題也困擾著廖愛珠，她說：「我也很怕自己變成罪人。」

或許因為煤礦沒落，除了懷舊部落客、鐵道迷等，三貂嶺一度幾乎被遺忘。由於沒有工作機會，年輕人紛紛離開故鄉，只剩老人。有切身之痛的吳念真說：「台灣很多鄉鎮都因為人口外流，只剩下老人，如果沒有新的力量出來，整個村子可能就消失了。」

兩年前陳書吟來到三貂嶺，成立「鐵道少女工作室」。她指出：「我們剛開始邀請文化工作者、藝術家進駐，同時也透過紀錄片的方式和阿公阿嬤溝通。目前最大困難是針對小地方的再發展，各界有不同看法。」

二〇一一年年底，三貂嶺車站一處老舊儲水槽被新北市政府無預警拆除，引發當地居民與鐵道迷不滿。陳書吟指出，早年蒸汽火車是靠鍋爐煮水產生動力，所以鐵道旁有加煤、加水站，黑沉沉的儲水桶和漏斗狀設施就是當時提供火車動力的設備。「這是當地民眾記憶的一部分」，市政府卻說拆就拆。她強調：「老舊東西一旦被拆了就沒有了。」

吳念真頗有同感指出：「這是許多鄉鎮重建過程中最常碰到的難題，地方政府總喜歡蓋新硬體，這是一個迷思。以三貂嶺為例，最棒的是那份寧靜，但很多人總愛把舊的拆除，蓋新的建築，這是永恆的抗爭。」

↗昔日碩仁國小師生在學校前合影。（三貂嶺機關庫聯誼會、三貂嶺文史工作室提供）

突圍：推廣深度旅遊，慢活也快活

碩仁國小是三貂嶺唯一的小學，隨著煤礦沒落，學生人數銳減，一九九六年廢校。廖愛珠翻開當年的畢業紀念冊，透過電話找到了老同學，四十年後相約在母校碩仁國小開同學會，大家翻出各自珍藏的老照片，串起所有的記憶。 同學會是一個好辦法。吳念真說：「透過舉辦同學會把老同學找回來，讓這些離鄉遊子回流，他們的孩子、孫子也回來了。」

三貂嶺的居民可分為三類，包括早期來開墾耕種的、來開採煤礦的、因蒸汽火車維修補給而設的機關庫員工眷屬等。廖愛珠指出，機關庫是三貂嶺居民的共同記憶，員工與眷屬們固定每年回到三貂嶺，還特別成立「機關庫聯誼會」，凝聚力非常強。「儘管當年員工宿舍早已被拆除，但老照片勾起許多回憶。」

點子王吳念真建議，板橋社大可以開辦假日課程，以三貂嶺的碩仁國小為基地，輪流在新北市侯硐、九份、金瓜石、水湍洞、牡丹等地的國小教室上課，另外規畫半日生態之旅，可以由文史工作者講授這些地方的歷史、人文與自然生態。透過社大的力量，讓更多人認識許多屬於台灣早期的生活故事與歷史記憶。「這樣的深度人文生態之旅，或許比較不會一下子湧入太多人潮。」

三貂嶺距離台北只有一小時車程。久居都市的人很難想像，有一個如此寧靜的村落就在不遠的平溪線上。廖愛珠與陳書吟最想告訴大家：「慢活也快活，這是正港後花園。」

動員，齊步走

行動指南

前往新北市瑞芳區三貂嶺，實地感受支線鐵路的小站風情。
加入「鐵道少女」Facebook粉絲專頁，了解最新活動訊息。

官方網址

平溪線上的綠光寶盒 http://ruiartspace.pccu.org.tw/
三貂嶺機關庫．碩仁國小 http://idv.sinica.edu.tw/sand0/

交通資訊

新北市瑞芳區三貂嶺——
◎搭乘台鐵「八堵－蘇澳」區間車，上行往八堵、台北方向，下行往宜蘭、蘇澳、花蓮方向，在三貂嶺車站下車。

延伸閱讀

鐵道少女：《綠光寶盒．三貂嶺》，明日工作室，2011年出版。

婆婆媽媽催生社區活古蹟

受訪◎文海珍、戴吾明　對談◎小野　執筆◎江慧真

公共議題就是自己的問題，
請大家共同來關心公共政策。

文海珍　戴吾明

水道頭

台北市士林區

新故鄉動員令

動員者——文海珍，家庭主婦，草山生態文史聯盟志工。**戴吾明**，建築文化學者，草山生態文史聯盟志工。
動員組織——草山生態文史聯盟，2001年創立。
基地：台北市士林區 **面積**：62.37平方公里 **人口數**：288,742人 **人口密度**：4,630人/平方公里 **平均年齡**：41歲（資料來源：內政部資料至2012年11月底。）

一群雞婆的天母社區媽媽，接小孩下課時，無意間多瞧了一眼路旁的工程，竟擋下了陽明山上一樁大型開發案，更催生了全台灣第一座活古蹟。這是一個住民關懷自家環境，進而延伸成一場社區水土保衛戰的故事，故事正式邁入第十二年，但它還沒結束！文海珍、戴吾明，及更多的草山文史聯盟志工，一點一滴揭開陽明山從日治時代至今的神祕面紗。

擔心水源遭挖，意外窺見絕美禁地

文海珍回憶，二〇〇一年三月某天，天母社區幾個媽媽接小孩下課，發現中山北路七段靠近三角埔處有工程在開挖，打聽的結果，是陽明山出現一個大開發案，必須把當地的水源移開，所以開挖自來水管，有些媽媽聽說可能興建「包裝水廠」，擔心天然水源遭挖掘破壞，於是找上里長、議員進行了解勘查。沒想到她們竟意外窺得這塊禁地的美貌：紗帽山第三水源地，「我們剛進去的時候感動到不行，這個水源地封閉了七十幾年，整個林相很完整很原始，到處看得到原生物種、台灣獼猴……」

陽明山明明是國家公園保護區，為什麼有大型開發案？這群媽媽心中的不解，從此成為保護水土的最大動力。母親節當天，她們決定自力救濟自籌財源，成立「草山生態文史聯盟」（簡稱「草盟」），每天一大早把小孩送上學後，就開始她們的保衛水土工作。

↗由草山生態文史聯盟舉辦的天母水道祭，希望環境教育能向下扎根。（張鎧乙攝）

自力救濟籌錢，組「草盟」護家園

歷經多次向市政府與民意代表要資料，草盟赫然發現，一九九三年內政部雖同意「保變住政策」（保護區變成住宅區），但陽明山保護區坡度相當陡峭，遠遠高過安全範圍，根本不適合開發，此案卻以人口增加幅度為由核准過關，成為陽明山「保變住六之六案」，志工心中的疑問更加擴大，「陽明山是火山岩層，地質如此脆弱，為何可以大規模開發挖地基？」

草盟開始質疑公部門，「陽明山仰德大道只有兩個車道，如果陽明山三百多公頃一經開發，交通流量怎麼解決？民生用水已經達到飽和，需要加壓把水源打上來，水的問題怎麼解決？」積極的志工媽媽開始參加每一場環評會，從不懂到變成專業，自己寫筆記、上網做研究，甚至提供書面資料給環評委員，強烈要求「坡度超過三十度只能建綠地公園，不能蓋房子」主張，點名開發案違反《水汙染防治法》第八條，沒有進行汙水下水道工程，更同時轉向監察院陳情。

二〇〇二年四月，監察院終於認定此案有疑慮，正式對台北市府提出糾正，但至今市府仍無後續作為。

開發案只是「凍結」，仍然存在。媽媽們的環保行動沒有中斷，她們為「草山水道系統」提出古蹟申請，在二〇〇三年七月經市府審議通過為市定古蹟，更被認定為全台灣第一座系統性保存的「活古蹟」！

↗日治時期興建的水道系統，提供大台北地區民生用水。（張鎧乙攝）

溫和而堅定，志工媽媽力量大

「如果有人對你說，有一群媽媽要做什麼事情，你千萬千萬要小心！」聽完草盟的故事，小野讚嘆地發出這個警告。文海珍笑說，她們只是一群很關心環境的媽媽，不是什麼環保鬥士，「但請不要感謝我們做了哪些事情，因為公共議題就是自己的問題，請大家共同來關心公共政策（如核能），大聲地發出你們的聲音！」

這樣的警告，來自草盟志工媽媽一路和公部門「柔性抗爭」，擋下陽明山大型開發案，促成全國第一座活古蹟「草山水道」的過程。這群志工媽媽雖然講話很溫和，也不凶悍，但當時文化局與市府怕死了這群媽媽蒐集資料的能力，甚至有公務員的桌子玻璃下壓著一張小紙條，寫著「草盟要資料，不要給」。

事事都熱心，成了社區「包青天」

文海珍說，志工媽媽不是專業環保人士，一開始什麼都不懂，全是「做中學、問中學」，上網找資料、關注更多的公共議題。但草盟催生活古蹟成功後，竟成了社區附近的「包青天」，疑難雜症都找上了這群媽媽！

例如士林第八十一號道路坡度陡到不行，幾乎呈垂直，有一晚，租屋的老外三更半夜聽到爆破石頭的聲音，嚇得連夜搬去旅館，社區找上草盟關切了解；天母派出所大樹生病了，原來是停車場水泥化造成的，也勞動草盟找上新竹著名「樹醫生」楊甘霖持聽筒來診斷，還拿氧氣筒灌氣進去；就連水管路上的公共廁所已經快蓋好了，也被草盟「半路攔下」拆除。

大從水資源的珍惜利用、古蹟的保存維護，小到廁所蓋不蓋、榕樹病了沒，這群志工為了孩子的未來，事事都關心，時時都熱心，所以，真的，聽小野的，不要隨便惹媽媽！

↗參加水道祭的三玉國小學生，在臉上彩繪不同圖案。（張鎧乙攝）

↗芝山國小學生在身上裝飾與水資源相關的圖案。（張鎧乙攝）

困境：一個城市的規畫，必須有一個主要的生命思維

雖說是由一群媽媽們組成，但草山生態文史聯盟仍「萬紅叢中一點綠」，已屆八十高齡的志工戴吾明，和一九三二年完工的草山水道「同齡」；曾在中國大陸和日本大學教書，專業是城市基礎規畫的他，對於近年來公部門的官僚思維和菁英掛帥，深感無奈無力，直指這是台灣各城市發展的障礙。

「一個城市的規畫，必須有一個主要的生命思維。」戴吾明說，草山的水道系統，大大影響了台北市的城市規畫，所以台北城市的生命線與「水」息息相關，是以「水」走的道為主，而非以「人」走的路為主，中山北路七段這麼直的坡度，就是人在上面走，水在下面流，這就是草山水道對台北城市的意義，也是二〇〇四年會被定為活古蹟的主要原因！

戴吾明指出，天母社區開發很晚、外地移民多，但日治時代開發完善，現在反而缺乏一個有系統的管路計畫，他質疑市府核准讓陽明山「保變住六之六」開發案過關，是基於什麼樣的規畫？如果環評沒有過、汙水下水道沒有做，市府為什麼允許開發商可以動工？難道是要造成既定事實？

看遍歐洲日本各國開發案，戴吾明說，外國沒有一張紙下來就拍板定案的，都是經過很長的溝通和協調；但市府卻是「菁英掛帥」，態度上老是有「恩賜」的味道，「經費都給你了，你還要來問什麼？」他舉例，社區建設的說明會，也常常一張桌子，擺一張圖在上面，連個簡報的文字資料都沒有，「草盟蒐集資料提出很多意見，公部門卻連改都沒改，連錯誤都還在上面！」

戴吾明認為，政府應該調整對社區的看法，如果資訊不夠透明，民眾不知道政府想做什麼、在做什麼，人民要怎麼作主？

↗天母的日僑學校師生，也來參與一年一度的天母水道祭。（張鎧乙攝）

突圍：透過教育往下扎根，不讓水道歷史被湮沒

草盟志工文海珍說：「早年的台北是沒有水源的。」清代先民挖井取水，因水不潔常引發疾病；日治時期才進入「上水道」與「下水道」時代，其後台北人口擴張，公館水道不敷使用，一九二八年起造第二套草山水道系統，並具水力發電能力。但一九八七年翡翠水庫完成後，台北市供水型態從此改變，草山水道失去功能。

二〇一二年四月，浩浩蕩蕩上百名國中小學生，集合在天母三玉宮前共同祈福，第十屆「天母水道祭」正熱鬧登場：孩子們臉上塗鴉、身上貼滿「水」的意象造型，沿中山北路走到三角浦發電所，透過志工的解說，學生走入活古蹟的水道系統，漫步階梯傾聽「大水管」的水聲召喚，體驗草山樹林的多元生態物種；原來，草盟志工不僅盯緊公部門作為，也結合社區學校帶領著孩子，在水源地、水管道、發電所之間，遙望日治時期的水利建設，展開一場與歷史、土地的對話。

天母水道祭呼應聯合國「世界水資源日」共同主張，主題鎖定「水與糧食安全」。文海珍細數，人一天只需要喝二點五公升的水，但我們所吃的食物背後，卻代表著更多的水資源消耗，「例如你為了泡一杯咖啡，背後必須要消耗共一百四十公升的水；每吃一個漢堡，就得消耗地球上兩千四百公升的水；至於每吃一塊牛排，更是要耗費七千公升的水！」

她強調，「讓環境教育和行動扎根，才是我們的目標，水道祭不只是熱鬧而已！」天母國小、三玉國小、士東國小、芝山國小和天母國中、蘭雅國中等校，不但參與水道祭，組志工社團，有些還要求完成古道健行和學習設計才能畢業。

動員，齊步走

行動指南

前往台北市士林區，參加一年一度的「天母水道祭」活動，了解草山水道系統天母的自
然與人文特色，及水資源、綠生活等環保議題。

加入草山生態文史聯盟Facebook粉絲專頁，了解最新活動訊息。

官方網址

草山生態文史聯盟 http://www.tienmu.tw/

參觀資訊

天母水道祭——◎舉行時間：每年3月。◎洽詢電話：02-28262369（草山生態文史聯盟）

愛鎮媽媽培育小鎮文化力

受訪◎陳來紅、邱瓊淑　對談◎小野　執筆◎林上祚

桃園縣大溪鎮

回鄉吧！大溪遊子啊！
來共創終老的幸福基地。

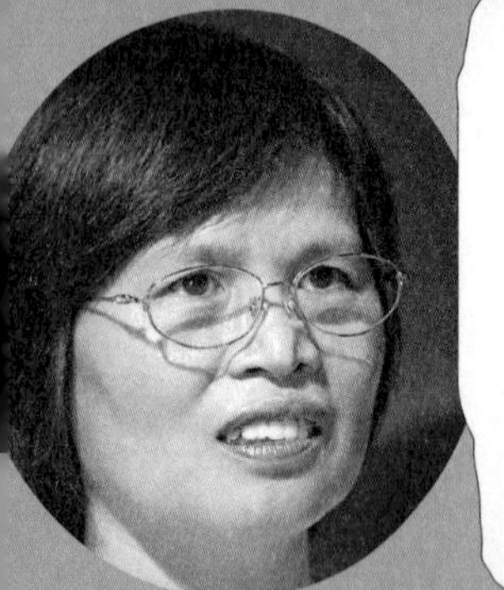

邱瓊淑

陳來紅

新故鄉動員令

動員者——陳來紅，長期投入非營利組織營運與婦女運動，現任大溪愛鎮協會顧問。**邱瓊淑**，長期投入大溪社區事務，現任大溪愛鎮協會理事長。

動員組織——大溪愛鎮協會，2009年創立。

基地：桃園縣大溪鎮　**面積**：105平方公里　**人口數**：91,923人　**人口密度**：874人/平方公里　**平均年齡**：38歲（資料來源：內政部資料至2012年11月底。）

婦運先驅返鄉定居，與在地的愛鎮媽媽們，到底會激盪出什麼樣的火花？桃園大溪是最好的例子。主婦聯盟生活消費合作社顧問陳來紅與大溪愛鎮協會理事長邱瓊淑，闡述兩人如何攜手跨越城鄉差異，營造大溪文化力。

長輩行動付出，未來世代才能幸福

一九四九年生的陳來紅，五年前與夫婿返回大溪定居，「我以前不喜歡小鎮，對窄化的人際關係感到厭煩，回鄉後才發現，自己的認知有誤。」如今，她喜歡漫步大溪，感受大溪人眼神交會時的溫暖與親切。

「就像鳳飛飛過世後，將骨灰安厝大溪一樣，每個人心裡都有一個故鄉。」小野說，而問到陳來紅返鄉定居原因，其實很單純，主要是為了她的高齡九十五歲婆婆。陳來紅說，老人家早年跟著他們夫妻在台北生活，因此希望在她老年時重返故鄉。「有人說人老了會得痴呆症，搬回大溪後鄰里與親戚間互動變得更頻繁，我婆婆老了反而更聰明了！」

「台灣社會，好像是個沒有長輩的社會，二二八事件導致世代間出現了一個斷層，有一天我突然發現，我都快要變長輩了！身為長輩，就該有長輩的責任。」陳來紅呼籲三、四年級生「返鄉終老」，參與社區營造，合力創造一個幸福的終老家園。

陳來紅觀察到，留在大溪的人，除了世代擁有店面的家族外，其餘是相對弱勢的一群，能夠離鄉又有能力回歸的族群，某種程度上代表有遷徙的能力。「異鄉遊子過去有機會到都市打拚，對階級、族群敏感度都會高於其他世代。」過去幾年，她看過很多人返回大溪

↗大溪老街最珍貴的街屋牌樓立面，展現每個家族的故事。（黃文杰攝／中國時報資料照片）

定居，但年輕人回鄉，卻可能會被鄰里認為是在外面混不下去，背負的壓力太沉重。「相對之下，我們這一代就沒這壓力，因為退休了，在這個生命時間點回鄉剛剛好。」

老手傳承經驗，媽媽跨出社區

從一九八五年籌組袋鼠媽媽讀書會、發起成立主婦聯盟，到二〇〇〇年擔任行政院婦女權益促進委員會連續四屆民間委員，陳來紅投身婦運三十多年，始終扮演先驅者角色。小野表示，解嚴前，籌組民間組織並不容易，尤其是以婦女為主體的社團組織，而讀書會，更容易被聯想到有思想問題，這也讓陳來紅更具傳奇性。

「過去全台走透透，但對故鄉大溪一直沒服務過，心裡一直有些虧欠。」陳來紅說，因為不在大溪，對當地社區營造僅停留在議題的關注。大溪愛鎮協會理事長邱瓊淑，二十年前在大溪推廣廚餘回收，曾到台北參加主婦聯盟的推廣課程，但從未見過陳來紅。隨著陳來紅返鄉定居，陳、邱兩條平行線終於交會，世代與城鄉的差距碰撞出火花。

邱瓊淑起初以為，愛鎮協會的社區媽媽，能夠取得夫家支持，跨出家門投入社區營造，已是很大突破，根本沒想過要把陪讀與照顧服務，跨到社區以外，「陳老師一回來，找我們過去談，一開始她講的，我一句話都聽不懂。」

陳來紅說服了邱瓊淑，把長年在台北公私部門累積的婦女與社造運動資源，例如彭婉如基金會課後照顧輔導課程，引進大溪，讓四十八位社區媽媽們取得課後照顧員資格。

推廣閱讀普及，陪讀陪出口碑

陳來紅說，政府開辦一些課後照顧員等培訓工作，多半希望住在鄉下的人，集中到一個定點上課，但她認為，課後照顧等課程有必要在地化，「大溪是彭婉如基金會在全國所有課後照顧員育成課程當中，唯一非都會區的據點」。

在推動課後照顧服務的過程裡，大溪愛鎮協會進一步發現很多弱勢家庭學生，需要額外的照顧資源，「這時候，陳老師就把台灣兒童閱讀學會、婦女團體全國聯合會、台灣女藝協會[註1]等全國性組織資源，帶入大溪。」邱瓊淑說。

大溪愛鎮協會推廣的閱讀普及服務，目前聚焦大溪鎮國小四年級學生，該協會的「小小書評家」計畫，由社區媽媽（故事媽媽）陪著小四生，一年閱讀二十本書，書本則是從台灣閱讀文化基金會的「愛的書庫」借用。

這項計畫最早就是在大溪國小推動，邱瓊淑說，有一名學生原本是全班最後一名，一年過後進步到全班前十五名，校長感動之餘，當下決定當年度自行編列三十萬元預算購置學校圖書，大溪鎮其他國小風聞後，也邀請愛鎮協會進駐校園，四年下來，共有七所小學加入該計畫。

註1——台灣女藝協會成立於二〇〇七年，目的在於提供獨立設計師以及需要工作機會的女性一個發揮創意的平台。

↗大溪愛鎮五色鳥故事館「奶奶的紅色沙發椅」，假日經常擠滿孩童聆聽故事媽媽講故事。（黃文杰攝／中國時報資料照片）

↖彭婉如基金會於大溪鎮開設課後照顧員課程的上課情況。（大溪愛鎮協會提供）

文化向下扎根，服務擴及偏鄉

「目前台灣的小學課程，只需中等資質就可以應付，如果小學生閱讀基礎能力，在小學四年級就被育成，求學過程即使沒有大人幫忙，也能自主學習。日後不管放在什麼環境，也比較不會有問題。」陳來紅說。

為了讓閱讀文化向下扎根，愛鎮協會也在大溪老街設置學齡前閱讀與托育中心，名為「愛鎮五色鳥故事館」，並且獲得信誼基金會及遠流、青林、小魯等知名出版社的贊助。為了照顧偏遠地區幼童，協會也派出故事媽媽，到老城區以外、資源相對匱乏的公立托兒所。這項義務工作已持續了五年，每週到課十六班。此外，協會也請「程照寧閱讀推廣基金」提供學前書箱，給孩子們更多閱讀的機會。

邱瓊淑說，大溪鎮幅員不小，有些社區公車無法到達。陳來紅爭取這麼多資源，社區媽媽也受到感召，自願開十公里的車，到偏遠的公立托兒所講故事，「我非常感謝陳老師在過去五年，把全國性資源帶進大溪，讓很多媽媽有工作機會。」

不少偏遠地區的小朋友回到家，有些是父母親忙於工作，有些則是隔代教養沒有陪讀的能力，因此得不到大人的陪伴。陳來紅計畫未來推動「親孫書箱」，由故事媽媽帶著一箱裝有三十本書的箱子，到偏遠地區陪伴那些阿公阿嬤，閱讀學齡前童書，好讓他們回家就能說故事給孫子聽。

三十年前，台灣的社會運動勃興，主要是靠中產階級支持，但是現在中產階級逐漸消失，「弱勢孩子更需要陪伴閱讀，現在如果不協助他們，未來差距就愈來愈大，問題也會愈來愈多。」陳來紅期許，透過閱讀推廣，讓台灣未來朝向更好的改變。

困境：公部門撥款速度慢，家庭主婦只得自掏腰包

從草店尾工作室開始，桃園大溪二十年來不斷累積文化實力，二〇一二年並獲選為「十大觀光小城」。陳來紅表示，大溪的歷史街坊再造[註2]，是大溪社造理念重要的啟蒙事件，二〇一二年，愛鎮協會向桃園縣文化局提出「大溪文化生活圈計畫」，首次嘗試文化盤點的推動，並力倡保留大溪的日式宿舍和老建築群落。

社造團體承攬公部門計畫，卻常面臨補助款延遲發放的問題。陳來紅說，她投入婦運與社造，活動經費多數從社會募款而得，鮮少向政府申請經費，只有九二一災後重建時，曾建議環保署提撥經費。「為何短期大型活動，例如夢想家音樂劇，兩億預算可以這麼快核銷，但基層長期的社造計畫沒多少錢，三月開始的計畫，預算從中央到地方，半年多了卻遲遲未撥下來。」陳來紅不禁質疑。

愛鎮協會理事長邱瓊淑也說，協會的愛鎮媽媽幾乎都是家庭主婦，為投入社造工作，只得拿私房錢墊，「家裡讓我們參加社區公益，已經夠體諒了，怎麼好意思還去跟老公要錢？」

「公務人員應該為社造團體設想，難道，公務人員薪水會讓國家欠嗎？」陳來紅說，營利事業參與政府標案，要求資本押金，但一般社造團體原本就處於經費吃緊的狀態，然而預算補助款核發的時間，從中央到地方通常得耗費半年以上，甚至更久，這問題就很嚴重了。陳來紅主張，政府應該檢視預算流程與時間表，不管是用行政命令或修法，總之，就是應該要把不合理制度修到合理。

註2——大溪鎮和平路是一條由日治時期街屋所構成的街道，完整保留了當時的建築型態，但建物本身多有損壞，且缺乏完善的觀光規畫，導致老街歷史風貌盡失。一九九六年，由地方居民自發性推動社區總體營造，並在建築相關專業學者協助及文建會經費補助之下，老街在軟硬體部分都獲得改善。

↗大溪藝文季中的大仙尪比賽，為老街帶來熱鬧的氣氛。（康鴻志攝／中國時報資料照片）

突圍：盼遊子回鄉，齊心挖掘文化底蘊

身為大溪愛鎮協會的顧問，陳來紅認為大溪有很深的文化底蘊，她希望大溪的異鄉遊子能紛紛回鄉，引進本身資源在家鄉營造，共創終老的幸福基地。陳來紅認為，戰後出生的三、四年級生，是最適合從都市回鄉的一群人，普遍來說，他們具有節儉的人格特質，也有儲蓄的習慣，在經濟與教育方面累積時間最久，社會關係上也擁有最佳條件，而且與故鄉連結度，也比年輕世代來得深。

大溪為淡水河流域中開發甚早的河港型聚落，具有悠久的歷史，陳來紅以夫家黃家為例，黃家在清代曾經出過一位武舉人，因此她相信還有很多珍貴文化資產需要去整理，尚且還有慈湖兩蔣園區等，屬於近代歷史的觀光景點。若每個社造團體、每個家庭都做盤點，細緻整理，「那一定不得了」，「文創要從本有的文化底蘊出發，否則就只是抄來抄去，不會有自己的內涵。」

陳來紅說，大溪鎮其實很像台灣的縮影，鎮上的老城區像是台北，老城區以外的地區就像台北以外的台灣一樣。老城區的商業活動進行了兩百餘年，其他地區則維持農村型態，每個文化據點之間距離很遠，因此推動大溪整體文化營造，必須了解鎮內差異性。

公部門社造預算進入鄉鎮後，鄉鎮社區間常處於競爭狀態，為避免零和局面，社造團體間有必要推動橫向協調。陳來紅說，愛鎮協會所提出的「大溪文化生活圈計畫」，積極推動文化盤點，就是要讓每個社造組織在相互了解的基礎上，可以互為平台、共蒙其利，「我覺得這樣的共識會很讚。」

動員，齊步走

行動指南

前往桃園縣大溪鎮老城區（和平路、中山路、中央路三條老街及周邊區域），實地體驗歷史城鎮的文化風貌。

前往愛鎮五色鳥故事館閱讀或參加活動。

官方網址

大溪愛鎮協會 http://tw.myblog.yahoo.com/dasi-dasi/

參觀資訊

愛鎮五色鳥故事館——◎地址：桃園縣大溪鎮中山路30號◎電話：03-3887227
◎開放時間：週一至週六9:00～17:00，週日公休。

在地旅遊諮詢站

和平88大溪旅遊服務站——◎地址：桃園縣大溪鎮和平路88號 ◎電話：03-3887227

隱士怒吼：還我們好山水

受訪◎朱天衣　對談◎小野　執筆◎謝錦芳

朱天衣

新竹縣關西鎮

新故鄉動員令

動員者——朱天衣，作家，並兼任馬武督山林溪流保育協會理事長。
動員組織——馬武督山林溪流保育協會，2011年創立。
基地：新竹縣關西鎮 **面積**：126平方公里 **人口數**：31,235人 **人口密度**：249人/平方公里 **平均年齡**：42歲（資料來源：內政部資料至2012年11月底。）

知名作家朱天衣十年來在新竹縣關西鎮過著隱居般的生活，然而，為了防止馬武督溪遭遇生態浩劫，她不惜槓上農委會水土保持局，並且上書馬英九總統。朱天衣號召地方人士進行「階段性封溪」，希望大家一起保護好山好水，並提供工作機會給原住民朋友，「給原住民一個留在家鄉的理由。」

叛逆文學家，愛貓愛狗愛人

朱天衣出生於文學世家，父親是知名小說家朱西甯，母親是翻譯家劉慕沙，她和姊姊天文、天心都很會寫文章。朱天衣說自己有一股叛逆性格，「我總是不在該做什麼事的時候做什麼。不過，轉了一大圈，最後還是回到文學的路。」

長髮飄逸的朱天衣，在三姊妹中排行最小、個子最高，當年為了逃避大學聯考，選擇念台北工專化工科，不過多數時間在唱平劇，年輕時還曾參加金韻獎、擔任模特兒。曾多次探訪朱家的小野說：「朱家的貓狗比人多，宛如小小動物園。」朱天衣說：「從小父母親就喜歡收留流浪貓狗，他們生活在困苦的年代，從不以金錢或經濟效益來看事情，這對我們三姊妹影響很大。」朱天衣在關西的家取名「甯苑」，養了十九隻貓、十九隻狗、三隻鵝、六隻雞、兩隻鴿子和一隻八哥。朱家姊妹們經常會為一隻貓或狗走了而感到不捨，大哭一場。

對貓狗不捨，對人更是不捨。朱天衣形容，自己有如畫家豐子愷作品中的小孩，有一顆紅通通的心，「面對弱勢的原住民，我的心在滴血，好希望能夠多幫忙他們一點，很想和原住民朋友站在一起。我不知道有多少能力，只有盡力去做。」

↗朱天衣十年來住在馬武督溪畔，感覺自己很幸福。（朱天衣提供）

令小野印象深刻的是，有一次和朱西甯夫婦出遊，在大雨中兩人唱著抗戰歌曲，以姑婆芋的葉子躲雨，畫面好感人。朱天衣就是生長在這樣一個浪漫多情的家庭。

發生毒魚事件，號召階段性封溪

同是作家的小野，對朱家如數家珍，「小說家朱西甯與朱家三姊妹在台灣新文學史中占有一席之地，政大教授陳芳明撰寫的《台灣新文學史》特別以專章介紹。」朱天衣教導兒童寫作已有二十五個年頭，但這回她是以「馬武督山林溪流保育協會理事長」身分，揭發不肖地方官員知法玩法、破壞好山好水的醜聞。

關西的原住民部落以泰雅族人為多；馬武督溪是鳳山溪的上游，關西自來水廠在下游取水。朱天衣說，馬武督溪裡有許多保育魚類，如台灣鯝魚，以及香魚、鱸鰻等，周遭森林裡有台灣藍鵲、白鼻心、臭鼬、大冠鷲、獼猴、螢火蟲等，生態豐富，而此地原始而優美的山林景觀，也曾吸引電影《賽德克．巴萊》前來取景。這些年來，她從淡水、龍潭一路搬到關西，目前就住在馬武督溪畔，「覺得自己很幸福。」

不料，二〇一一年九月發生了毒魚事件，一名剛出獄的累犯在溪裡放毒，一夕間溪裡魚蝦全死光。朱天衣說，當時整條溪一片死寂，連溪畔的白鷺鷥也死了。十一月初水保局的工程對馬武督溪造成第二次浩劫，「又是一個為特定對象興建的工程，建在順向坡上非常危險，距離我家約兩、三百公尺。」

↗朱天衣看到農委會水保局配合納骨塔業者做堤防，把河道開腸剖肚而難過不已。（陳權欣攝／中國時報資料照片）

↗關西當地泰雅族人舉辦豐年祭。（羅際鴻攝／中國時報資料照片）

地方官員玩法，竟圖利豪華農舍

朱天衣氣憤地說：「有人在順向坡蓋豪華農舍，水保局幫這戶人家做坡崁、排水溝和護堤，還幫忙開一條路直通這戶人家，花的公帑全由納稅人買單，實在太過分。」

搬到關西之後，朱天衣才深刻感受到，中央與地方政府資源有分配不均的問題；關西鎮公所一年經費約八百多萬元，但水保局在當地工程預算高達上千萬元。她直言：「一般民眾所接觸到的就是這般惡行惡狀的民代與基層公務員，很不幸都掛著國民黨的名號，選前買票、選後圖利自己，上面的人再乾淨、做得再辛苦，也抵不上這些人所帶來的禍害。」

二〇一一年十一月，朱天衣發起成立「馬武督山林溪流保育協會」，號召當地居民進行階段性封溪。馬武督溪從源頭到錦山橋，長達十五公里，溪畔有許多民宿、咖啡館和露營區。朱天衣夫婦組織一百三十多人的護溪隊，兩、三個月來進行多次田野調查，成員包括馬武督探索森林（原「錦仙森林遊樂區」）、馬武督渡假村、華山福利基金會與原住民部落等，共同目標是保護馬武督溪，不讓它變成臭水溝。

推廣有機栽培，為原民返鄉鋪路

「很遺憾，目前溪裡依然一條魚都沒有。」朱天衣說，未來計畫將馬武督溪分為完全保育、自然教學、休閒親水與垂釣等四區，保育區禁止人員進入與捕撈，其他三區則有限度做為學童戶外教學、民眾休閒之用。有關階段性封溪的規畫與執行，必須與居民溝通協調，並取得縣政府支持。

朱天衣一直在思考，原住民回到家鄉可以做什麼？她認為，「泰雅族人世居此地，對周遭生態環境最清楚，可以擔任生態解說員，種植有機蔬果賣給企業員工。」她舉新竹原住民協會為例，該會輔導原住民種植有機蔬果，並與工研院合作，由工研院負責檢驗認證，生產出來的蔬果則由工研院員工認購。「每戶以每年一萬兩千元費用認購新鮮無毒蔬果，這對原住民是一筆穩定的收入，這樣的合作模式值得推廣到其他企業界。」

「原住民應以他們的長處來貢獻家鄉。」朱天衣說，保育協會未來計畫成立一個平台，開辦假日市集，希望有企業贊助，提供工作機會給原住民朋友，讓他們有一個留在家鄉的理由。小野則呼應說，電影《賽德克・巴萊》的意思就是「真正的人」，所以要幫助原住民朋友，應以他們最熟悉、擅長的方式，讓他們與土地一起生活，成為「真正的人」。

↗朱天衣的家有如小小動物園。（朱天衣提供）

困境：漢人豪奪原民土地，不擇手段

絕對的權力，絕對的腐化。朱天衣說，水保局官員在地方胡作非為，這次是媒體幫了大忙，尤其中國時報新竹記者陳權欣率先報導此案，引發外界關注。不過，她認為更可惡的是，「漢人欺壓善良的原住民」，這次馬武督溪事件，讓她心中怒火全都爆發出來了。

早期原住民處理土地產權，多半以口頭方式交換，不像漢人有明確的契約。朱天衣說，馬武督部落許多屬於原住民的山林保育地，卻被漢人以不正當的方式奪走。漢人最常以「拜乾爹乾媽」方式親近原住民，然後以借錢方式利誘，最後原住民還不出錢來，土地就被奪走了。

朱天衣指出，有一名患自閉症的泰雅族人阿基佑，在馬武督溪畔種花生、地瓜為生，他的土地就在豪華農舍旁邊。四年前的一個晚上，幾名漢人拿棍棒要趕走阿基佑，他拿出番刀抵抗，後來被抓進精神病院。朱天衣說，由於他患有自閉症，無法正常說話主張自己的權益。「我知道了這件事，曾經去看他，但他不認識我；兩個月後再去看他時，我發現他已經不可能回到自己的家了。」

這是一件發生在四年多前的小故事，迄今依然深深刺痛朱天衣的心。面對地方官員與漢人連手欺壓原住民的惡劣行徑，朱天衣說：「地方上經常聽到這樣不公不義的事情發生，以前我都忍了下來，已經隱忍十年了，這回他們實在太過分、太囂張。」

至於實施階段性封溪，也是阻力重重。朱天衣夫婦花了許多時間與當地居民溝通。最初大家不太了解為何要階段性封溪，也有不少反對的聲音，經過不斷交換意見，才逐漸建立共識。朱天衣強調，要真正落實階段性封溪，必須有新竹縣政府的全力支持。

↗不當開發導致河川生態破壞。（陳權欣攝）

突圍：官員調職還不夠，決定告到監察院

小老百姓碰到不公不義的事，一定要上書總統？針對馬武督溪事件，朱天衣最初希望透過民代幫忙，沒想到水保局在地方有如地頭蛇，連民代也只能噤聲，在走投無路之下，她才寫信給馬英九總統，接下來還要告到監察院。

朱天衣上書馬總統，其實有更快的管道。有一天她的二姊朱天心為了動物保護問題與馬總統會面，大姊朱天文曾建議，可以請朱天心幫忙向馬總統反應，結果朱天衣拒絕了。她說：「我想以一個小老百姓的身分試試，看看能不能上達天聽。」「原本也不希望驚動馬總統，後來是因為許多管道都走不通了，只好寫信給總統。」

作家張曉風先前曾向馬總統下跪，希望政府保留南港二〇二兵工廠附近的綠地。小野問朱天衣：「你為何不向馬總統下跪？」朱天衣說：「我認為是他們（政府官員）該跪，他們該打。」

「這些人胡作非為，我有義務告訴總統。我要強調，城市與偏鄉是有距離的，總統應該來了解，這是最貼近庶民的問題，如果總統不管，倒楣的是他。」朱天衣說。

朱天衣過去也曾為了一件事寫信給馬英九，但是等了半年後才獲回音。專責人員曾來電表示，「你怎麼不早說？」不過，這次馬武督溪案件，總統府已交辦下去，農委會表示要將承辦人員調職查辦。但朱天衣認為，山坡地保育區林業用地竟然可以蓋豪華農舍，這明顯是違法的，但卻發生了。她強調，「農委會把水保局承辦官員『調職』是不夠的，至少必須『撤職』查辦。」

動員，齊步走

行動指南

前往新竹縣關西鎮錦山里，實地感受馬武督溪的豐富生態。

參觀資訊

馬武督探索森林──

◎地址：新竹縣關西鎮錦山里138-3號◎電話：03-5478645

串起部落愛，守護下一代

受訪◎亞弼・達利（Yapit Tali）　對談◎小野　執筆◎高有智

土地是我們的母親，孩子是
部落的希望，希望大家一起
關心土地與孩子。

亞弼・達利

新竹縣尖石鄉

新故鄉動員令

動員者——亞弼・達利，曾任婦女團體社工，現任至善社會福利基金會社工員。
動員組織——至善社會福利基金會，1995年創立，於2007年至新竹縣竹東鎮設立工作站。
基地：新竹縣尖石鄉 **面積**：528平方公里 **人口數**：8,941人 **人口密度**：17人/平方公里 **平均年齡**：34歲（資料來源：內政部資料至2012年11月底。）

來自新竹縣尖石鄉鎮西堡部落的亞弼．達利，帶來了偏遠深山部落的訊息，她面對作家小野的提問，侃侃而談一個返鄉泰雅青年的心路歷程，也分享部落幼兒照顧的願景與需求。尖石鄉因為山路蜿蜒，部落之間距離遙遠，泰雅族的孩子要上公立幼兒園，有時候得花上一、兩個小時車程，若遇上農忙時，族人根本無力接送小孩。為此，至善基金會成立了「幼兒照顧中心」，靠著一群婦女的努力，共同照顧部落裡的孩子。

飛鼠般穿梭部落，盼為族人解決原鄉問題

「我叫亞弼，因為我的工作經常跑來跑去，從這個部落一下子又跳到另一個部落，很像飛鼠的特性喔！」她選擇這樣的自我介紹，神情充滿驕傲，言談間也展現部落工作者的熱情。尖石鄉幅員廣大，部落相鄰如隔山。個頭小的亞弼，每天開車穿梭各部落，果然如同飛鼠一般。「亞弼」，泰雅族語是「飛鼠」的意思，是由她自己命名，打破了泰雅族的命名慣例，卻逐漸得到父親和族人的認可。她的努力，也使自己成為新生代的泰雅青年領袖之一。

國中畢業之後，亞弼就到台北讀書，後來念了神學院的社工科系，也參與過原住民運動，爭取族人的權益。在都會區工作了幾年，看到了都會原住民的問題，包括失業、離婚、家暴與酗酒等，讓她開始思考：「如果原鄉的問題可以解決，或許就可以減少都市原住民的困境。」於是，她決定返鄉尋找原住民社會問題的源頭，也希望族人不必流浪到都

↗尖石鄉泰雅族部落的孩子，面臨幼托資源欠缺的窘境。（至善基金會提供）

市。因此，即使在台北擁有一份令族人稱羨的穩定工作，她最後還是選擇回鄉服務，在部落裡擔任社工已經有十年資歷。

回返部落親近土地，感受真實自我

回到部落之後，亞弼除了發揮社工專長，協助部落發展，也參與部落運動，帶頭反對興建高台水庫[註1]，對她而言，更重要的是學習部落文化與在地知識。她自稱是「被漢化的一代」，過慣了都市生活，以為麥當勞速食就是方便美味，等到下田耕作之後，才了解原來自己種的菜是如此甘甜。

「回到部落可以親近土地，有空的時候，我最喜歡跟家人一起耕種，每次手摸泥土，拔草流汗，就可以感受到自己真實存在。」亞弼拿掉了「林桂婕」的漢名，她沒有母語姓名，就以「飛鼠」為名。她跟家人一起復耕小米，找回傳統作物和祭儀的關係，重新踏上祖先的路，回到了土地，感受自己真實的存在，「雖然很累，但我很享受。」

上學路迢迢，幼兒照顧亟需支援

亞弼呼籲全台關心偏遠部落的朋友們，只要每月捐出六百元，就可以支持部落的幼兒照顧工作，也創造部落婦女的就業機會。

「送孩子上學太麻煩，我們的家長多半放棄幼兒教育，自己帶著孩子到果園裡工作。」

至善基金會新竹工作站主任的亞弼說出了部落家長的無奈心聲。二〇〇四年，艾莉颱風重創尖石鄉，長期關心部落的至善基金會在隔年成立了「幼兒照顧中心」，讓部落孩子不用跟著父母上山，可以得到妥善的照顧。很難想像的是，這項改變部落孩子命運的工作，卻是從一個不起眼的簡易車棚開始。

邊做工藝邊照顧，滿足族人需求

亞弼說，在艾莉風災後的重建工作中，至善基金會透過政府的多元就業方案，協助部落媽媽做手工藝品，扶植發展產業。當時工藝教室暫時設在養老部落停車場的簡易車棚裡，媽媽勤奮做手工藝，小孩們就在旁邊聽大人講故事，於是慢慢衍生出「幼兒照顧中心」。

註1——為了延長石門水庫使用壽命，水利署計畫在大漢溪流域上游興建高台水庫，然而泰雅族田埔、養老等部落將會遭到淹沒或沖刷，面臨滅村危機。當地族人因此組成「馬里光、基那吉反興建高台水庫部落聯盟」，向政府表達反對的心聲。

↗幼兒照顧中心的畢業典禮表演。（至善基金會提供）

目前在馬里光、泰岡和養老等部落，都設有幼兒照顧中心，照顧約四十多個孩子，師資也多達十位。亞弼表示，雖然政府在幾所小學附設公立幼兒園，但有些部落所在位置偏遠，家長最後選擇放棄送孩子到公立幼兒園，所以基金會必須就近在偏遠部落設立「幼兒照顧中心」，以滿足族人的需求。

傳承文化，也改變部落婦女人生

幼兒照顧中心目前招收二到六歲的幼兒，一週上課五天，每天從早上八點到下午五點，希望能朝向全母語發展，以傳承部落文化。亞弼說，幼兒照顧中心的師資大都是部落婦女，白天是老師，晚上就是孩子的媽媽、姑姑或隔壁阿姨，彼此關係緊密，「孩子下課後的生活狀況，老師也可以全盤掌握。」

亞弼也分享一個部落婦女的成長故事：養老部落幼兒照顧中心的園長游素美，只有國小畢業的學歷。她接任幼兒中心的工作後，不斷自我充實，也培養專業技能。她原是講話結巴又內向羞澀的農婦，如今不僅會製作電腦簡報，可以大方上台對教育部官員和大學教授分享報告，也可以寫研究論文，改變了原本的人生。

堅持部落主體，按部就班不迷失

幼兒照顧中心的另一個目的，是希望能夠找回過去部落互助照顧的精神。亞弼說，部落媽媽不僅照顧自己的孩子，也照顧別家的孩子；有些媽媽除了當老師，還得充當司機，開一個多小時的車到其他部落載小朋友。每逢農忙的時候，家長一早五、六點就得出門工作，孩子就先送到老師家，如同委託給鄰居親友照顧。這樣的互助關係，是公立幼兒園的專業幼保老師無法提供的。

尖石鄉的部落近年來自我認同也提升，致力於發展以部落為主體的產業與生態旅遊。亞弼說，過去台北烏來、桃園拉拉山等部落的過度開發經驗，讓族人得到教訓。急速的觀光發展，反而失去了部落主體，最後迷失在錢潮之中。他們希望能慢一點，按照自己的步調生活，除了創造部落經濟，鼓勵青年回流，最後也能發揮部落互助精神，共同照顧幼兒，守護家園與土地。亞弼說：「土地是我們的母親，孩子是部落的希望，我們需要攜手共同關心土地與孩子。」

↖至善基金會號召泰雅青年返鄉，協助推廣有機農業與文史調查工作。（呂家慶攝）

困境：土地問題長期存在，合法興建難上加難

尖石鄉的泰雅族人推動「幼兒照顧中心」的工作，解決部落幼兒照顧的燃眉之急，但常常受限於法令，尤其是土地與空間取得困難，讓家長傷透腦筋。不過，如今最大的隱憂，卻是政府計畫興建高台水庫。面對可能滅村的危機，當地泰雅族人成立了反水庫聯盟，誓死捍衛家園。

「一旦水庫蓋起來，我們的部落都沒了，幼兒園還會存在？」亞弼．達利抨擊說，未來如果興建高台水庫，他們將會流離失所，不僅部落斷了回家的路，包括馬里光等部落也將淹沒在水中，美其名是輔助石門水庫防沙與清淤，實際上卻剝奪原住民的居住權益和傳統領域，破壞當地生態，嚴重影響當地部落的發展。

根據法規，幼兒園必須取得合法建地。亞弼說，部落大都是原住民保留地和山坡地，連族人住屋有不少都是非法興建，處處可見違章建築。這是長期存在於部落的問題，怎可能還有多餘的建地興建幼兒園？更何況，教育主管機關雖然宣稱只要結構安全即可，但相關營建單位卻不願發給證明，形成政府單位互踢皮球。

至於部落幼兒園的專業師資要求，亞弼也抨擊不切實際。她說，尖石鄉的部落地處偏遠，連公立幼兒園都很難找到專業的幼保老師，流動率又偏高，他們怎可能會請得到專業師資？「專業師資當然很好，但我們的孩子最需要穩定照顧，誰比部落媽媽更會照顧自己的孩子？」她希望政策能夠因地制宜，適合部落的現況，否則只會扼殺族人設立幼兒照顧中心的美意。

↗一旦在尖石山區興建水庫，部落將流離失所，且破壞當地生態，令泰雅族人非常擔心。（至善基金會提供）

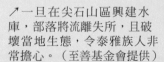

突圍：號召青年回流，數位網夢扎根

除了照顧幼兒，至善基金會也號召泰雅青年回流，協助青年返鄉改造部落。亞弼．達利說，他們目前在鎮西堡等六個部落，推動「數位網夢部落人才培訓計畫」，協助八位工作者的行動方案，包括推廣無毒農業、整合農產品行銷與文史調查等，希望促進產業發展，帶動更多人返鄉服務。

數位網夢計畫連結網路和外界的資源，培育部落人才，包括在石磊部落推動種植有機蔬果，協助馬里光部落婦女銷售當地特產五月桃，突破農戶長期遭受盤商剝削的命運，也支持一位部落婦女跑遍泰雅族部落，從事文史調查，詳盡記錄六千多個泰雅族生活區域的地名與遷徙淵源。

亞弼又舉了新光部落的單親媽媽阿蔚為例：阿蔚只有國中畢業，二十年前丈夫過世，靠著販售水蜜桃和高麗菜獨自撫養兩個孩子。她接受網夢計畫培訓後，回頭協助族人取得有機蔬菜認證，如今成為當地推動有機農業的靈魂人物之一。

亞弼說，目前數位網夢計畫，除了有大學生回流，還有一位準博士的成員。部落青年彼此串連，成為部落和主流社會之間的橋梁，不僅把外面的知識經驗帶回部落，也對外表達部落的聲音，讓社會知道部落的困境，「只要部落有工作，青年就會回流，族人也不會離開土地。」

動員，齊步走

行動指南

捐款贊助「原鄉活泉——數位網夢部落人才培訓計畫」。
捐款贊助「新竹尖石後山幼兒照顧中心發展計畫」。

官方網址

財團法人至善社會福利基金會 http://wp.friendshipcit.org/
至善新竹竹東工作站 http://www.wretch.cc/blog/ruok15900
新竹尖石後山幼兒照顧中心發展計畫
http://wp.friendshipcit.org/abroadhelp/plan/a-service/accompany-you-grow-project/
原鄉活泉/原夢青年計畫
http://wp.friendshipcit.org/abroadhelp/plan/a-service/young-aborigine-project/

捐款資訊

至善基金會愛心專線：02-23560118
郵局劃撥帳號：50054640
戶名：財團法人至善社會福利基金會

牽手護老樹，為後代多留一片綠蔭

受訪◎謝粉玉　對談◎吳念真　執筆◎謝錦芳

謝粉玉

苗栗縣大湖鄉

新故鄉動員令

動員者——謝粉玉，曾經營木材與雜貨生意，現任十呆環境保護基金會董事長。
動員組織——十呆環境保護基金會，2011年創立。
基地：苗栗縣大湖鄉　**面積**：90平方公里　**人口數**：15,807人　**人口密度**：174人/平方公里　**平均年齡**：43歲（資料來源：內政部資料至2012年11月底。）

隨著經濟快速發展，從都市到鄉村，從田野到山林，許多珍貴老樹慘遭怪手與電鋸的毒手。苗栗縣大湖鄉有一位愛樹成痴的客家媽媽，她不忍百年老樹不斷被砍除，三十年來向銀行借貸了七、八千萬元，買地、移樹、種樹，每月負擔本息逾四十萬元，為了拯救老樹幾乎傾家蕩產，全台灣找不到第二人，她就是「老樹媽媽」謝粉玉。

從小遇到委屈，就向大樹訴苦

人稱阿粉姊的謝粉玉，世居苗栗大湖，出生於一個富裕的家庭，四歲時卻被送到窮人家當養女，從小就要上山砍柴，還經常被養母打罵，每次受委屈時，就跑到山裡向大樹訴苦。長大後，阿粉姊幸運嫁了一個好老公，育有二女一男；不過，結婚十六年之後，先生因癌症過世，阿粉姊悲痛萬分，決定到國外旅遊，讓自己被壓抑的心靈放空。

阿粉姊第一次到日本觀光，印象最深刻的是日本有許多美麗森林，導遊介紹神社前的鳥居是以台灣檜木做的。她心想，「日本人這麼保護自己的老樹，卻砍台灣的檜木。」接著去了歐洲的維也納、德國，看到參天聳立的大樹與濃郁的森林，她感慨，歐洲的公園規畫得那麼漂亮，台灣也有許多珍貴老樹，怎麼不好好保護呢？

一九八四年，省道台三線苗栗大湖路段拓寬，有兩百多棵七十多歲樟樹面臨砍除命運。阿粉姊開車經過，看到工人在砍樹，心裡好痛，不知道該怎麼辦。她說：「鄉下民風保守，如果我去講，會被人家笑死。」

↗為搶救老樹，謝粉玉（樹下站立者）曾經積欠七、八千萬元，幾乎傾家蕩產。（十呆環境保護基金會提供）

出錢僱工移植，曾引鄰居議論

後來，每當有珍貴老樹即將被砍除時，阿粉姊主動出錢僱用工人移植，並委託木材行老闆來照顧；可惜，費了很大工夫移植的老樹，十棵只活了一棵，最後她被迫自己動手來照顧，她不相信這麼好的樹種不活。當時阿粉姊白天忙著雜貨店的生意，晚上到田裡為老樹澆水，即使農曆七月也照常半夜去澆水，還曾引起鄰居們議論紛紛。

在那個便利商店尚未普及的年代，阿粉姊靠著一間小雜貨店養活一家人，還到處買地收容老樹。她說，當時利息曾經高達百分之十二，她以土地抵押貸款，負債最高時達七、八千萬元，光是一個月的還本付息就要四十多萬元。不料，二〇〇三年爆發非典型肺炎（SARS），沒人上門買東西，原本生意興旺的雜貨店頓時沒現金了，阿粉姊一時周轉不靈，在走投無路之下，只好寫信向當時的陳水扁總統求助。

寫信向扁求助，財務雪上加霜

「這個新聞在報紙上登得好大，總統指示農委會處理，不過，農委會卻幫了倒忙。」阿粉姊說，農委會官員來了，批評這些樹不夠大，不在保護範圍內；農委會沒幫上忙，卻向媒體散布消息說他們有幫忙，結果銀行知道她財務困難，全部來查封土地和房子，連女兒與兒子的薪水也被扣。

阿粉姊說，銀行拍賣土地，連帶地上的老樹也遭殃，後來在朋友的指點下，她開始學習寫狀子，想盡辦法延緩法院拍賣的時間，幸好九百多棵老樹全搶救回來。事後回想起來，她直說：「好可怕！」

愛樹成痴的阿粉姊，把老樹當做自己的子女。在最困難的時候，她經常走進山林，對老樹說：「我救你千千萬萬，比不上你救我一人，這樣我可以繼續去搶救更多的樹。」或許，老樹真的聽到了阿粉姊的話，後來真的有貴人出現，為她解圍。

默默搶救老樹，負債八千萬

什麼樣的情感，什麼樣的力量，讓一位客家媽媽為了保護老樹，負債七、八千萬，曾窮到連高速公路的過路費都付不出來，晚上甚至睡在休息站裡，也在所不惜？阿粉姊說：「我被樹神抓到了，否則為什麼是我，我也不是有錢人。」

客家人向來節儉，許多人不相信阿粉姊是客家人。阿粉姊的先生過世後，她獨自扶養三個孩子，還要照顧高齡養母。小學畢業的阿粉姊，靠著先生留下的一間小雜貨店與木材工廠，把兩個女兒送到國外讀書，還買了許多農地和房子，就為了籌建老樹公園。

三十年來，阿粉姊前後搶救了上萬棵老樹。她最想對台灣人民說：「對樹好一點，就是對人好一點。我們應該把珍貴老樹留給下一代。」吳念真心有同感地說：「當你尊重一棵樹時，你也會尊重一個人。」

「老樹有靈，不能亂砍，大家應該牽手一起護老樹。」老樹媽媽不惜傾家蕩產保護老樹，上萬棵老樹是她留給下一代最寶貴的資產。

↗一棵百年樟樹被老樹媽媽搶救，準備移植到安全的地方。（謝粉玉提供）

↗謝粉玉為了搶救老樹，自掏腰包僱卡車與工人移樹，還要買地收留老樹。（十呆環境保護基金會提供）

↗老樹媽媽的夢想是建立一座老樹公園，收容來自各地的流浪老樹。（十呆環境保護基金會提供）

困境：都市更新，政府不准移還帶頭砍

近年全台各地都市更新如火如荼，道路拓寬了，老樹紛紛被砍除；都會區範圍擴大了，老樹卻沒家了。

阿粉姊收掉雜貨店的生意後，全力投入保護老樹的工作，幫老樹找家。她幾乎每天都會接到熱心民眾通報的電話，只要有拓寬馬路的工程進行，就有老樹要遭殃了。但是，她想出錢幫忙移植老樹卻行不通，因為那些老樹被視為公家財產，小市民沒有權力移走。

「政府帶頭砍樹，這是很糟糕。」阿粉姊說，目前最大困難是，有很多事情，政府做不到，民間想幫忙，政府卻不放手。以阿粉姊為例，出錢出力幫忙移植老樹，還曾被告「侵占公物」。

經過這麼多年，阿粉姊非常清楚，政府進行土地徵收時，通常地上物沒有明確的標識，許多老樹就這樣被承包的工人砍除；如果地上物有標識，這些老樹一樣難逃被砍除的命運，因為它們被視為公物，外人不能隨便移植，意思是政府寧可這些樹被砍除，也不願意民間來幫忙移除。「你說，氣不氣人。」

台中市進行都市重劃，許多老樹要被砍除，讓阿粉姊每天都接到民眾的通報電話，她說：「保護老樹是每個人的責任，政府不僅沒有保護，還帶頭砍樹，太糟糕了。」

↖謝粉玉（右三）希望大家對樹好一點，就是對人好一點。（十呆環境保護基金會提供）

突圍：企業認養，盼建老樹公園救生態

二〇〇八年金融海嘯來襲，百業蕭條，銀行紛紛抽銀根，讓負債數千萬元的阿粉姊吃足苦頭。但她仍不放棄搶救老樹，晚上則利用空檔時間做菜包託朋友寄賣，由於手藝好，有許多固定的老主顧。有一次，她送菜包到新竹科學園區，那是一個高科技業者的聚會，熱心友人知道她在做保護老樹的工作，於是請她分享護樹經驗，因此認識了台積電財務長何麗梅。

每天經手台積電數千萬、數億元財務的何麗梅，很難想像阿粉姊竟然為了老樹背負七、八千萬元債務。基於一份感動，她熱心地為阿粉姊償還兩千萬元債務，同時與先生劉淙漢一同協助阿粉姊，成立「十呆環境保護基金會」，劉淙漢並親自擔任執行長。

談起最初申請成立基金會的過程，阿粉姊滿腹委屈。由於門檻高達兩千萬元，是很大的負擔，她曾經詢問政府部門，希望以變通方式降低門檻，但都吃了閉門羹。她甚至還拜託立委幫忙，但立委根本不理會，因為這些老樹沒有選票！

最後她向環保署官員請教，終於有熱心官員願協助，但要求名稱不能用「老樹」，她不解，「我的目標就是保護老樹，為何名稱不能用老樹呢？」

吳念真很好奇，為何基金會取名「十呆」？阿粉姊說，既然不能用「老樹」，一位律師建議以「古木」取代，由於基金會有十個董事，乾脆以「十呆」為名，意謂「十個呆子」，結果「十呆環境保護基金會」就這樣成立了。阿粉姊開始搶救老樹時，就想建老樹公園，沒想到三十年之後，這個願望還未實現。她明白，社會上太多人不懂得愛護老樹，這不是憑自己一人的力量可以完成，如今有企業界加入認養老樹的行列，希望可以發揮更大的影響力。

動員，齊步走

行動指南

為自己的社區認養一棵老樹，或是為老樹找到適合的新家。

官方網址

老樹媽媽Oldtree／十呆環境保護基金會 http://www.oldtree.org.tw

客庄再造，遊子回家吧！

受訪◎盧思岳　對談◎吳念真　執筆◎張翠芬

硬頸打拚尋希望，
再造石岡客鄉價值。

盧思岳

台中市石岡區

新故鄉動員令

動員者──盧思岳，曾任教師，長期投身社運及社造工作，現任職於台灣社造聯盟。
動員組織──石岡人家園再造協會，2003年創立。
基地：台中市石岡區 **面積**：18.21平方公里 **人口數**：15,761人 **人口密度**：865人/平方公里 **平均年齡**：40歲（資料來源：內政部資料至2012年11月底）

一九九九年九二一震災重創台中石岡客家聚落，當年擔任無殼蝸牛聯盟[註1]執委的盧思岳，帶領一批志工組成「九二一災區支援小組」，進駐石岡協助社會經濟調查，隨後組成石岡人家園再造工作站。這個外來團隊原本只是短期「蹲點」，結果，這一蹲就超過十年，工作站轉型為常態性的石岡人家園再造協會，成為國內數一數二的在地化草根組織。

落地生根，外來者成社造推手

「你們是怎麼樣的一群人，不是在地人，還來重建別人的家園？」吳念真開門見山就問，因為多數重建工作都是暫時性，石岡人家園再造工作站卻是從協助重建的「外來者」，變成落地生根的石岡人，盧思岳甚至已在石岡買厝定居。

「原本只是想來幫這些被九二一震垮的無殼蝸牛，沒想到我會在這裡建立自己的家。」盧思岳說，九二一震災讓地方文化、產業、經濟一夕崩解，各方面的重建須同時啟動，重建工作百廢待舉，對地方居民來說，是很沉重的負擔；但當時台灣的社區營造剛起步，對推動社造者來說，「是一個大好的戰場！」

註1——一九八九年，台灣房價因為股市上漲與財團炒作而飆漲，導致多數市民沒有能力購屋，一群小市民為了抗議而成立「無住屋者團結組織」，並於該年八月二十六日晚上，號召數萬人在台北市地價最貴的地段——忠孝東路上露宿。這些抗議者自稱「無殼蝸牛」。

↗九二一震災後，有兩百年歷史的石岡劉屋夥房，以「原地仿原貌」重建為土牛客家文化館。（盧思岳提供）

↗九二一地震重創石岡，大專青年返鄉協助劉屋夥房整理古文物。（盧思岳提供）

↗二〇〇六年土牛客家文化館落成啟用，由石岡七大家族共同拼起震碎的水缸。（盧思岳提供）

原地原貌，百年劉家夥房重生

石岡地區有許多泥磚搭建的客家夥房，在震災中多數倒塌，造成嚴重傷亡，其中最古老的一座就是有兩百多年歷史的土牛劉屋。石岡人家園再造工作站和劉家族親，歷經數十次大小會議，進行無數次的溝通，發生許多爭議衝突後，決定不變賣、分割土地，在原地仿原貌重建，做為土牛客家文化館之用，但保留部分居住功能，成為震災後唯一完整重建的客家夥房。

轉世重生的土牛客家文化館，不只是供遊客參觀的館舍，也維護了劉家族親的祭祀禮儀、婚喪喜慶等生命儀軌；在日常生活或逢年過節，可看到曬花被、醃菜乾、做紅粄等客家生活文化，及各式各樣的社區活動，是一座「活的客家文化館」。

農產直銷，號召青年返鄉經營

震災後石岡水梨因盛產而滯銷，價格大崩盤，工作站發動農產品直銷，銷售了五百多萬元的寄接梨到南北都會和新竹科學園區，之後協助成立災區第一家農民合作社——石岡果菜生產合作社，建立電子商務直銷網。

不過，要在農村推動電子商務談何容易？盧思岳說，農民年紀一個比一個大，最老的八十幾歲，最年輕的還比他年長兩歲，每個人一聽到要用電腦賣水果都傻眼了。還好，工作站培訓大學畢業的農民第二代參與操作，終於建立現代化的行銷模式。

↗石岡人家園再造協會舉辦小蛙人培訓，指導小朋友觀察青蛙生態。（盧思岳提供）

此外，工作站也培訓成立災區第一個社區劇場——石岡媽媽劇團，發行《石岡人家園再造通訊》。在完成階段性重建後，工作站轉型為「石岡人家園再造協會」，推動常態性的社區營造。當時地方人士一度很緊張，擔心盧思岳是不是打算「落跑」？他以買屋定居釐清了他們的疑慮。

薪火傳承，著重人的培養訓練

盧思岳表示，石岡人團隊十二年來已經更替了四位領導人、三位總幹事，一棒接一棒持續推動社造，從未因更換領導人而中斷。在他之後接棒的是石岡人家園再造協會創會理事長劉祥三，第三棒是石雕藝術家郭可遇，更難能可貴的是，在重男輕女的客家鄉村，出現第一位女性理事長陳碧雪接下第四棒，「他們都是比我更資深的在地人！」

總幹事則是由外來蹲點的第一棒屏東客家青年黃冠博，交棒給返鄉重建的在地青年劉光斌，再到也是在地青年的現任總幹事管雅菁。盧思岳說，黃冠博會講客家話，早期協調夥房重建，經常「代表工作站被罵」；石岡不只是他的「第二故鄉」，他的「大埔腔」客語，還比自己屏東家鄉的「四縣腔」更早通過客委會認證。

盧思岳說：「常態化運作，以在地人為主」，正是石岡人家園再造不成文又核心的精神。主要的領導人在傳承交棒後，有的轉任理事，有的擔任顧問，都未離開團隊，繼續協助後續的社造計畫。

為什麼很多地方建設淪為「蚊子館」？盧思岳說，地方的人如果沒有動手參與，欠缺一

↖石岡社區少年探險隊探索萬安宮。（盧思岳提供）

份感情，當然不會好好經營；所以重建不僅僅是硬體建設，更應著重「人」的培育，才能讓地方自己站起來。石岡的再造，就是這樣做到了！

社運悍將，每場硬仗不缺席

在不同階段，盧思岳有不同身分，從文藝青年、詩人、中學教師，到「投筆從戎」成為社運工作者，甚至一度被列入「社運流氓」黑名單；也當過記者、立委辦公室主任，十幾年前轉入社造領域。

充滿正義感的他，在擔任中學教師第一年，就因反對校方強迫畢業生捐款而被解聘，比學生更早「畢業」。到第二所學校任教時，他投入鹿港反杜邦運動[註2]，毅然辭去教職成為專業的社運工作者。

社運經常是一場又一場的硬戰，最慘烈的一次是一九八八年農曆春節前，他因組織豐原客運罷工，被鎮暴警察抓去毒打一頓，拘禁一日才釋放，還被判刑六個月，成為郝柏村擔任行政院長時要抓的「社運流氓」之一。之後他進入報社擔任記者，發現自己竟然和鄭村棋（曾任台北市勞工局局長）等人成為列管的「工運流氓」。

恆春與鹽寮反核、新竹遠東化纖員工罷工、台北三一六農民抗爭、台中港搬運工罷工等現場，都可以看到盧思岳的身影。社運挑戰體制、面對太多衝突，讓他覺得累了、倦了。他認為，要改變台灣還有別的做法，社區營造從日常生活出發，成效雖慢但累積長遠；對地方相對溫和而有建設性，可吸引更多人參與。

把土地當稿紙，為社造寫詩

盧思岳始終是個無殼蝸牛，直到四十歲生了女兒，他要給女兒一個「家」的感覺。盧思岳說，他從小在城市生長，特別羨慕鄉村的孩子；他不想繼續被關在都市的鳥籠，在石岡買了人生第一間厝，落地生根打造了生命中第一個家，還為女兒取了一個在地化的客家小名「寶妹」。

現在的盧思岳沒寫詩了，但有人形容他「把土地當稿紙，為社造寫詩」。在紀錄片《家——石岡的故事》中，他陪著當時五歲的女兒散步到大甲溪畔看蘆葦，問女兒「你家在哪？」女兒回答「在石岡啊！」他不禁露出會心的微笑。

註2——一九八六年，經濟部接受美商杜邦公司提出的二氧化鈦工廠投資申請案，預定在彰濱工業區內設廠，鹿港居民以環境可能遭受汙染為由展開抗議，反對的輿論從地方擴展至全國。隔年，杜邦公司宣布取消設廠計畫，鹿港反杜邦運動因而成為戰後台灣民間社會以環保為由反對工業投資而成功的首次案例。

↗「新石岡人」盧思岳。（陳麒全攝）

困境：縣市合併，陷入都市發展窘境

台中縣市合併後，面積小、人口少的石岡由鄉改為區，同時也面臨另一個新挑戰。盧思岳希望號召鄉民走一條和台北市、新北市「不一樣的路」；保留農村多樣生態和傳統文化，不要陷入都市重劃、炒地皮、貧富差距拉大、環境惡劣的窘境。

盧思岳進駐石岡之初，曾碰到地方政治派系鬥爭和外界誤解誹謗，被質疑是「假災民」、「假農民」，甚至被質疑是某政黨派來的。走過風風雨雨，盧思岳愛上石岡客鄉的淳樸風貌，更希望縣市合併後，仍能保有它獨特的農村之美。

盧思岳說，農村是供應糧食的基地，不只是都市人的後花園；合併後的台中市要「有城也有鄉」，才能展現城鄉魅力。例如，城鄉協力互助建立石岡在地農產品直銷管道，降低食物碳旅程，來呼應當今最新的環保趨勢。另外，來石岡「綠色旅遊」絕對比去日月潭和陸客人擠人更輕鬆樂活。

「如果台中縣市合併後，讓石岡變成像台北、新北市的發展模式，我當初的決定就是錯誤的！」盧思岳說，台中目前有百分之六十八是非都市計畫土地，千萬不要全面都市化，才能保留農村的價值，只是，這種觀點並非所有人都同意。

盧思岳憂心，當面臨龐大的利益時，很多人寧可賺現金，「這一點，挑戰很大！」因為，從過去都市更新重劃經驗，最大利益都是財團賺走了，都市發展難道一定非得如此？值得好好省思。他也期盼旅外鄉親回來關心石岡，參與當下的改變，一起為未來努力。

↖縣市合併後，面積小、人口少的石岡將面臨新挑戰。（盧思岳提供）

突圍：自辦社區報，你我都是刊頭題字人

數位化時代，多數平面媒體面臨走下坡危機，由石岡人家園再造協會創立的《石岡人社區報》，竟撐了十幾年，迄今已出刊一百三十多期未曾間斷。除了凝聚地方的參與感，讓在地居民當刊頭題字人，更是這份社區報最大特色。

盧思岳笑説:「我們的社區報，不會被拿去包檳榔或包便當，有很多人在收藏！」《石岡人社區報》前身是《石岡人家園再造通訊》，一九九九年震災發生後持續出刊，二〇〇三年配合工作站在地化轉型為協會，才更改為現名，完整記錄災後重建和地方公共事務的點點滴滴，是石岡居民最珍貴的集體記憶。盧思岳驕傲地説：「我們保存的地方文史資料，比公部門還完整。」有一次電腦中毒，資料全沒了，幸虧社區報留下完整的紙本紀錄。

社區報每期的刊頭字體都不一樣，多是由「小人物」題字，每一期由一位對地方有貢獻的在地民眾在刊頭題字，輔以照片和事蹟介紹，從小學二年級的學生，到童玩達人或客家媽媽，男女老少都有。反倒是鄉長、村長等「大人物」，都排了許久才輪到題字。這種擴大社區參與的模式，大大提高社區報的閱讀率和收藏率。

除了獨特的小人物題字，社區報也訓練地方居民採訪報導在地新聞。盧思岳説，很多家庭主婦只是國中畢業，一開始都擔心自己不會寫，但社區報內容就是要淺顯易懂，這些媽媽寫完稿由編輯幫忙修改，刊登後大家都很有成就感。 這份社區報有時申請到政府補助，但經費來源主要靠鄉親捐助；有趣的是，鄉親捐助的除了錢，從幾箱飲料到農產品林林總總。十幾年來，在每個艱困的關頭，就是靠鄉親的力挺一路走過來。

動員，齊步走

行動指南

前往台中市石岡區土牛社區，實地感受客家傳統風情。
訂閱《石岡人社區報》，了解石岡的文史故事與客家生活動態。
加入「石岡人協會」Facebook粉絲專頁，了解最新活動訊息。

官方網址

綠遊石岡／石岡人家園再造協會 http://www.sk921.url.tw
石岡人社區報 http://enews.url.com.tw/sk921

參觀資訊

土牛客家文化館——◎地址：台中市石岡區土牛村豐勢路德成巷10號◎電話：04-25825312◎開放時間：週二至週日9:00～17:00，週一及國定假日休館

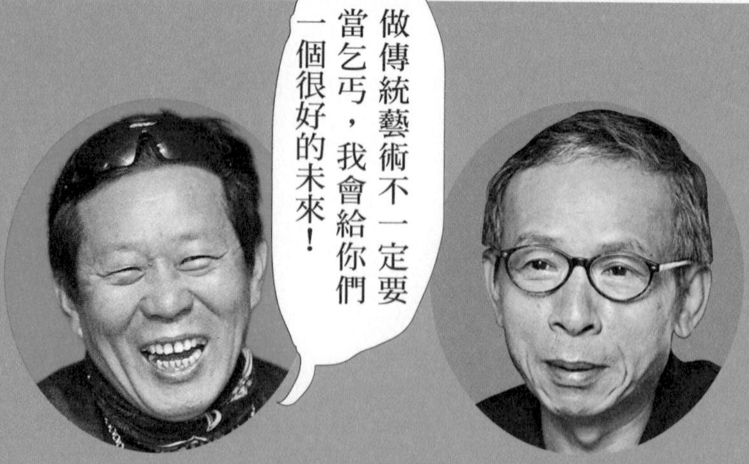
做傳統藝術不一定要
當乞丐，我會給你們
一個很好的未來！
許振榮

用陣頭搶救中輟生

受訪◎許振榮　對談◎吳念真　執筆◎江慧真

台中市大雅區

新故鄉動員令

動員者——許振榮，九天民俗技藝團創辦人及現任團長。
動員組織——九天民俗技藝團，1995年創立。
基地：台中市大雅區 **面積**：32平方公里 **人口數**：91,252人 **人口密度**：2,815人/平方公里 **平均年齡**：35歲（資料來源：內政部資料至2012年11月底）

原本，這是一首逞兇鬥狠的「歹仔浪歌」。但卻有個人，憑藉著對孩子的愛，對鄉土的執著，對民俗技藝的熱血，和對自己的不認輸，把眼見要走調的社會邊緣青少年悲歌，拉回生活常軌，變成一個鐵血團隊，脫胎換骨成台灣版的「太陽馬戲團」。他，就是一手打造「九天民俗技藝團」的團長許振榮。二〇一二年春節，導演馮凱將這個另類傳奇改編成電影《陣頭》，上映兩週不到，便創下破億票房。

到台中拜師，土法煉鋼學陣頭

一九八一年，還在讀國中的許振榮，課堂上老坐不住，卻對宮廟神術傾心不已。他聽說，台中市大肚山一座不知名的小神壇，有位師父施符法力超高，便一頭栽入拜師學符的世界，住廟裡睡神桌下，老師父看他有慧根，最後還真把一身功夫和神壇都傳給了他。

「台灣只要有宮廟，輟學孩子自然會來走動，收留他們不能閒閒沒事做，我便組了一個陣頭。」師父傳授他符法，卻沒教他打陣頭鑼鼓，許振榮只好土法煉鋼帶著錄音機「田野調查」，說穿了就是偷錄音回家摸索；每次看完其他陣頭表演，他不免洩氣，「夭壽！我要搞幾年才會像樣啊？」但不服輸的他仍矢志要帶著這群孩子，成為全國最大的陣頭。

滿清十大酷刑，管教浪子神將團

於是，許振榮在一九九三年成立「九天神將團」，後改名「九天民俗技藝團」。面對

↗九天民俗技藝團團員演出陣頭「官將首」的認真表情。（中國時報資料照片）

這群內心傷痕累累的青少年，憲兵退伍的許振榮，自嘲有一套「滿清十大酷刑」管理方式，「我們教條嚴苛，未滿十八歲不准抽菸，不能打架說謊罵髒話，誰犯了戒律誰就打屁股！」處罰的儀式要先「開壇」，在三太子面前自己先澄清，打完以後恢復成一張白紙，任何人不准再提起，重新歸零面對未來。

萬綠叢中一點紅的陳冠瑩，曾誤入歧途簽賭，被當成危險人物，被警察抓到時，竟有二十多把長槍對準著她，現在，她成了鼓棒不離身的陽光美女；年紀最小的王家成，十五歲打架爬牆被退學，卻在舞台找到了自我；從小不讀書的阿正，過了三十歲頓悟該「充電念書」，現在成了許振榮最佳助手；電影中最吸睛的角色「瑪麗亞」，是個身高一百九十公分的壯漢，卻心思細膩、愛做家事照顧人。中輟生來來往往，許振榮始終一視同仁，帶著孩子南北出陣表演，收入微薄時還不惜打金戒指相贈，因為，他把孩子當家人。

加拿大邀約，從廟口走上舞台

二○○二年，加拿大溫哥華台灣文化節的一場邀約，改變了九天的視野。陣頭也可以出國表演？「這是很恐怖的事情！」許振榮找來民俗專家林茂賢技術指導，卻被林茂賢批評得體無完膚，直罵「表演怎麼可以屁股對著觀眾？」氣得想揮拳的許振榮突然驚醒，「廟口我是內行，但藝術我卻是外行，九天確實需要改變。」果然，從善如流的改變從此轟動國內外，華僑看完後淚流滿面，加拿大人也為之驚豔，這是九天的第一場蛻變，從廟口文化轉變為舞台表演。

↗別看九天教練鄭琨永打鼓時殺氣騰騰，他以前竟是芭蕾舞者。（中國時報資料照片）

↗九天民俗技藝團表演後，三太子走入學生陣營互動與分送糖果。（中國時報資料照片）

↗九天在二○一二年八月遠赴美國紐約，在紐約市「夏日街道」活動中表演三太子出巡遊街。（中國時報資料照片）

當九天打開知名度，許振榮卻發現，表演的形式出來了，但孩子的內涵如果不夠，出去還是被看成流氓兄弟！他開啟第二場革命，下達「團員讀書令」，幫團員代墊註冊費，「很遺憾，很多孩子害怕學校，打死不讀書，我失去了三分之二的孩子。」許振榮並不後悔這次大失血，因為至今六年來，他很驕傲，現在每位團員都是大學生，他自己也以身作則，讀起嶺東大學的企業管理碩士班。

乩童讀博士，為了和專家吵架？

有人讀博士為了成名，有人是愛讀書，很多則是學海茫茫，不知不覺已成博士。許振榮也想念博士，理由卻是為了有朝一日，他要換上乩童裝扮，坐上會議桌，和評審委員面對面大吵一架！這個動機，外人或許難以認同；但他的心境，卻是台灣傳統民俗技藝者共同的悲哀。

對於台灣藝術界主流評價和遊戲規則，許振榮有著很深的底怨，甚至喊出「我不會再取悅藝術家了！」他不解，九天所到之處，不管是加拿大溫哥華、中國或是撒哈拉沙漠，始終贏得肯定與尊重，但為何回到了國內，在所謂的評審面前，卻反落了個四不像的評價？

飽知箇中滋味的吳念真笑著勸他，「去念博士可以啦，要吵架就不必了，因為你很清楚，你是表演給誰看的！」許振榮死忠兼換帖的好友林茂賢也有一句名言，「台灣很多學生知道幼發拉底河，卻不知道濁水溪！」可以預見的，在許振榮讀博士之前，他一定會發現，台灣社會給他的掌聲，將遠遠淹沒專業評審的質疑。

尋自我價值，不忘九天創立初衷

二〇一一年十月，當九天團隊扛著三太子神偶，成功征服攝氏五十度的撒哈拉沙漠回國的那一刻，總是以硬漢形象示人的許振榮當場崩潰痛哭，因為他終於「讓台灣看見九天，讓世界看見台灣！」

回首這十七年，許振榮直言沒料到有今天，「我只是個不務正業的法師，走一步算一步，遇到問題就解決。」但九天模式的成功，不但給了資源充沛的政府一巴掌，也給台灣社會一個重要的經驗法則，他呼籲各界結合資源，將中輟生的輔導予以制度化，學校開闢民俗相關技藝課程如陣頭，讓不愛讀書的孩子把握黃金學習階段，找到自我的價值，「這也是我當年創立九天的初衷！」

↗二〇〇九年國慶花車大遊行，九天民俗技藝團與兩百輛哈雷機車結合，由車友載著臉上畫著八家將扮相的團員遊行。（中國時報資料照片）

↗二〇〇四年九天挑戰危險的玉山登頂路，團員以體力與意志力完成心願。（中國時報資料照片）

↗結合中台灣元宵燈會的傳統藝術節活動，九天敲出隆隆戰鼓，讓民眾感受不同的元宵藝術新體驗。（中國時報資料照片）

困境：陣頭到底算幾流？給個清楚定位

打從組陣頭第一天起，許振榮便一直和體制戰鬥。十七年前，許振榮想讓陣頭進校園，跑去和國中校長說，想教小孩「跳家將」，當場被校長打槍。山不轉路轉，他繞了個彎，改向學校說想教孩子「打鼓」，老師一聽，認為學音樂是好事，可以接受。就這樣，神壇法師踏進了校園；許振榮一不做二不休，還在運動會那天，把三太子和神將全部搬上了操場。這是「神將」進入校園的開始，也是許振榮讓陣頭「藝術化」的起步。許振榮笑罵，「學三太子被老師家長罵死，學音樂卻大受歡迎」，同一件事，改變說法就有了不同結果。

此後，許振榮慢慢摸索出對抗體制的「眉角」。二〇一〇年，副總統蕭萬長下鄉座談，聽取民間對「建國百年」的意見，官員講半天，他突然聽見「讓世界看見台灣」幾個字，腦筋一動，舉手毛遂自薦，九天可以扛三太子到國外亮相，讓世界看到台灣傳統民俗，因而促成了九天橫越撒哈拉沙漠的創舉。

但他憤慨的是，九天曾在二〇〇八年總統就職大典上表演，也在二〇〇九、二〇一〇年兩度雀屏中選「國家傑出表演團隊」，但是向文化業務主管單位申請補助時，卻得不到審查委員的青睞，「評審委員永遠拿我們和歌仔戲、布袋戲比，今年（二〇一二年）在自己地盤台中市還吊車尾拿了最後一名。」

「台灣有這麼多陣頭，連九天都爬不起來，其他團怎麼辦？」許振榮反問專家：國家認定的四大藝術獨缺民俗陣頭，你們眼中的藝術是什麼？為什麼西方藝術才是神聖？「我要的不是給多少錢，而是一個陣頭藝術的定位，讓台灣陣頭在傳統技藝文化的團隊中，可以擁有一個位置！」

許振榮估計，全台陣頭文化的人口將近百萬，一年廟會的資金流動更逾數億，可見社會是有需求的。政府應該給傳統民俗技藝一個清楚的定位，「陣頭不是歌仔戲也不是布袋戲，到底我們是第幾流講清楚，起碼不要不入流！」

突圍：挑戰不可能，變身台版太陽馬戲團

十七年來，九天團隊歷經全台揹鼓遶境、攀登玉山、橫越撒哈拉沙漠等創舉。許振榮說，每當完成一個全國性的事件，就堆積了一個自己的文化，像金字塔一樣，每當摸索自己，尊嚴感也油然而生，九天就靠這種尊嚴感突圍走到現在。

台灣宗教民俗活動的重心，就是廟會期間三太子護駕神明遶境。許振榮體悟，這樣的活動有助凝結團隊士氣，給年輕人不一樣的挑戰；攀登玉山則是希望站上台灣最高的舞台「被看見」，此舉果然引來媒體和社會關注，讓團員更有榮譽感，帶來自我肯定和能見度。

對於橫越撒哈拉沙漠的瘋狂舉動，許振榮坦承猶如「地獄之旅」，女團員冠冠第一天就腎衰竭退賽，很多團員也傷勢慘重。但這個點子他想了八年，「一定會成為全世界的焦點！」他找上超馬好手林義傑時，一度還被視為詐騙集團，靠著天天「奪命連環call」才取得信任。在林義傑熱心相助和專業建議下，完成這場「全世界死亡率最高」的世界極地賽創舉。

面對未來，許振榮笑說：「我不可能再去月球了！」他希望，把九天打造成台灣版的「太陽馬戲團」，他要帶著團員去老人院、老人會或鄉下表演，找回屬於台灣的記憶，以及阿公阿嬤的笑容！

↗九天民俗技藝團所到之處，都充滿了歡笑。（中國時報資料照片）

動員，齊步走

行動指南

前往宗教廟會現場，體會陣頭表演的民俗活力。

加入九天民俗技藝團Facebook粉絲專頁，了解最新活動訊息。

官方網址

九天民俗技藝團 http://www.chio.com.tw

重現共食共享的泰雅GAGA精神

受訪◎林建治　對談◎吳念真　執筆◎江慧真

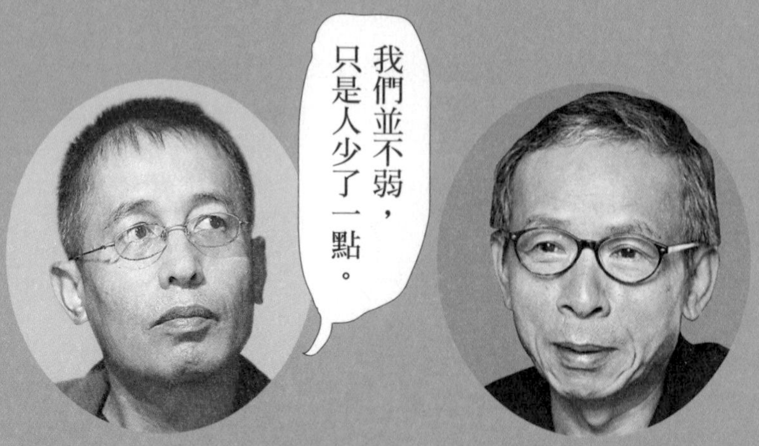

林建治

台中市和平區

動員者——林建治，現任原住民深耕德瑪汶協會理事長。
動員組織——原住民深耕德瑪汶協會，2006年創立。
基地：台中市和平區 **面積**：1037.82平方公里 **人口數**：10,564人 **人口密度**：10人/平方公里 **平均年齡**：42歲（資料來源：內政部資料至2012年11月底）

新故鄉動員令

從空中俯瞰台灣河川，全長近百里的大安溪，從雪山山脈流向苗栗縣泰安鄉，進入台中市和平區雪山坑，形成一段長達二十公里的美麗溪谷。入秋時節，在滿谷秋芒的雪白襯映下，滿山枝頭上掛滿了黃澄澄的甜柿；台中市和平區深耕德瑪汶協會理事長林建治向全台發出邀請，快來認養「市民農園」，吃菜摘水果吧！

大安溪部落遇風災，變職業災民

很難想像，這裡，全部從零開始。「從九二一地震後，我們就變成了職業災民！」泰雅族人笑稱：那場地震就是上帝把台灣抱起來，用力搖了一下，又放了下去。但上帝放下後，十幾年來只要颱風暴雨，台灣的原民部落就會掉入一個家園從有到無，又從無到有的循環，「但現在，我們慢慢站起來了。」林建治說。

林建治在吳念真的訪談中，其實不大想回顧那夜，瞬間被奪走母親和弟弟兩位親人的慘痛回憶。但這場災難，卻把他從台北喚回大安溪畔。從此，家人的定義被改寫，泰雅傳統精神也開始重塑。

「在外流浪二十年如同浮萍，回家處理後事時才發現，屋倒路毀，部落崩解凋敝，怎麼會是我的家？」九二一災後外部資源進駐，民間基金會沿著大安溪的三叉坑、雙崎、達觀等部落成立工作站，林建治也開始投入重建工作，邊做邊學，但自己熟悉的地方其實是都市，「我連種個小黃瓜都種不直，部落也沒工作機會，要怎麼活下去？」

↗媽媽帶著孩子們一同包竹筒飯，傳承共食共享的精神。（中國時報資料照片）

↗大安溪部落共同廚房的媽媽們正在處理豬肉，讓族人們共享。（中國時報資料照片）

↗大安溪泰雅部落希望透過認養農地，
讓部落自力更生。（林建治提供）

「一起」的傳統精神，開始被喚醒

小時候的記憶開始湧上心頭，「老人家一起打獵，一起工作，一起分食，像抓虎頭蜂來吃……這是部落最自然、強而有力的力量。」災後，傳統精神突然乍現，男人共同砍竹子、搭帳篷、做粗活，女人洗衣服，乾了大家輪流共穿；採野菜配飯，部落一起吃。林建治頓悟，泰雅族非常善於「一起」的特質，地震把部落搖醒了，讓他們想起老人家口中的傳統智慧「GAGA」。

泰雅語中的「GAGA」，就是傳統的「共獵共食、共有共享」。當外部的救援資源漸漸離開，林建治不解，部落長期種菜賣菜，為什麼到市場上都賺不了錢？族人辛苦種的菜，難道都要白白送給外面的「菜蟲（中盤商）」？二〇〇三年，他開始與族人建立「部落共同廚房」，透過傳統「共食團體」的吃飯習慣，把「一起努力」的內涵發揮出來，「部落很多老人生病或受傷，連在外打拚的家人都不知道，只有一起吃飯時，族人才會發現。」

有了部落共同廚房，年輕人煮自己種的菜，老人可以被照顧，小孩可以被教育；他們開始到達觀、三叉坑、雙崎等偏遠部落，給獨居老人免費送餐、醫療接送，也提供弱勢兒童的課輔服務，創造出自己的就業鏈。

申請經費要求效率，泰雅竟變排灣

林建治說，部落重建一開始為了申請經費，不管公私部門，都必須寫計畫案，對方都說計畫案內容中要有「看得見的建設」、「具體的改變」，但部落的改變不是一朝一夕、一年兩年，那必須透過世代的傳承。

所以，部落實在做不來的工作，舉凡「看不懂的、不需要的、要快速的」，公部門只好外包，最後部落真的「改變」了，「高腳屋變成水泥地，南部排灣族的百步蛇跑到我們台中泰雅族來了！」

林建治和夥伴疲於奔命，拼拼湊湊瞎子摸象，依樣畫葫蘆應外界要求「快快快」地做，但十年過去，他們發現，「外人來來去去，我們依然快不了啊，還是又回到原點啊，因為這些本來就不是我們要的。」協會祕書林素鳳緩緩地說，新的世代要跨進來做，部落才可能改變，既然走得慢，那就不要太快啊，「因為慢慢走比較快啊！」

林建治觀察，台灣從北到南部落發展的狀況，只能用「慘烈」二字來形容，當初為了快速發展而投入的各項軟硬體建設，導致部落的學習和發展建設根本無法同步，因而不容易凝聚出內部的力量來加以延續，所以幾乎都消失或停滯了，「全失去了原始的人文意義，全都商業化、主流化、市場化了，因為追求的是賺錢，所以窄化了部落裡面那個最高價值！」林建治沉痛地表示。

丟掉漢化框架，找回泰雅凝聚力

對大安溪的泰雅族人來說，唯一的不二法門，就是把已經漢化的東西全部丟掉，把傳統失落的智慧慢慢找回來。林建治說，外界常基於善意提出種種協助或指導，但太多個框架反而是包袱。從零開始，跟著部落學習，先了解自己再找出優勢，才能和外面的主流市場區隔。

林建治感慨，這幾年台灣開放外勞後，原住民甚至連打零工的機會都消失了。二〇〇六年，為創造部落就業機會，林建治以泰雅語中的「德瑪汶」（「深耕」之意）為名，創立「原住民深耕德瑪汶協會」，希望提高自給自足的比例。

有著大安溪的好山好水，林建治決心推動「市民農園」，透過認養農地的概念（基金為五百元台幣），基金則投入在地就業、送餐服務及全村孩童獎學金等；認養者可免費到部落農地參觀休閒遊玩，並每年獲得兩次野蔬宅配。林建治有信心的說：「我們不是弱勢，只是人少了一點！」

↗部落共同廚房的媽媽處理著剛採收的苦瓜。（中國時報資料照片）

困境：小黃瓜都種不好？偏鄉發展瓶頸在就業

台灣的部落困境、偏鄉的發展瓶頸，全出在就業機會。

親人遇難，遊子返家，回到泰雅部落的林建治，眼裡傷痛的，除了惡劣的生活環境，更是族人頹廢的表情，「就業可以解決所有部落問題，年輕人留下來，部落家庭得到支持，老人被就近照顧，子女管教更充分，但部落產業發展何其容易？」政府做了幾十年，至今仍是困境。

小學畢業就離開部落，到南投市念國中、高中，林建治服完兵役後到台北念大學，人生的精華歲月都不在家鄉度過，「我從來不理解部落，要組織大家也不知道從何做起，看著一片土地，只好從最基本的做起！」

什麼都不會的林建治種起小黃瓜，卻怎樣都種不好，「每一條都是彎彎的，為什麼以前我在台北吃的都是又直又大？」漸漸他才發現，原來賣相很差、彎彎的小黃瓜，是最原始、天然無毒的；要小黃瓜又直又大賣相好，就要施肥要灑農藥，但用了藥傷害的不又是部落自己的土地？

部落長期務農始終賺不到錢，整個市場機制有問題，偏鄉部落永遠是被剝削的一群。難道一定要受人宰割，沒有另外一條路嗎？林建治恍然大悟，「原住民不能再複製外面的東西了，必須找出部落自己的核心價值。」

一開始，他要求族人什麼都不要多想，第一年就先種菜，看是要種彎彎的小黃瓜，還是不辣的辣椒也好，「重點不是種菜，沒賣出去也不要緊，重點是在這個過程中去重新發現：我們是如何看待彼此的？」從真心看待彼此的過程中，林建治才開始慢慢找到屬於泰雅自己的部落節奏，學會一起努力打拚的傳統「GAGA」精神。

突圍：挖掘長老智慧，打造山豬品牌

要怎樣找回部落的核心價值？林建治回鄉十多年，慢慢摸索出部落的傳統脈絡，發現智慧的源頭，不是發展建設，而在部落耆老。

行銷高手吳念真一聽，想起多年前，在台北市的西門紅樓商展上看到的原住民小米酒展，一般都按照酒精濃度分類，但它卻加入了原住民元素來分，酒精濃度最低的叫做「小美唱歌」，濃一點的是「忘了回家」，最烈的要屬「長老講話」，「長老一旦開講就是胡說八道了，可見醉得有多厲害 ！」整個文化特色就出來了。

林建治接口說，重建復原的路走得很艱辛，部落裡的老人家，其實常常想要放棄，但要找出屬於自己的優勢，一定要靠長輩，「所以我們不停地和老人聊天，挖掘出老人家的專長和本事！」

近年非常熱門的大安溪山豬醃製產品，就是這樣被找出來。林建治說，泰雅族的美食智慧中，醃製本領很厲害，在市場上特別受歡迎，包括小米露、小米棒、小米醃製豬肉等，按照醃製的時間長短分成幾個品名，例如醃製時間最短、大約為一週者，命名為「山豬快跑」，醃久些的叫做「山豬慢跑」，時間最長的是「山豬散步」。推出之後，果然大受歡迎。

「重點不在品牌，而是我們想要突顯，商品後面這一群部落廚房媽媽的努力。」林建治說，他們種的不只是蔬菜，做的不只是食物，是對土地的信心、自尊的再造。

動員，齊步走

行動指南

前往台中市和平區達觀里（即達觀部落）的德瑪汶部落廚房，實地體驗在地的自然環境與泰雅族的原民文化。

訂閱德瑪汶部落報，了解德瑪汶部落廚房各項活動訊息。

加入「部落的愛，深耕的力量」Facebook粉絲專頁，了解最新活動訊息。

捐款認養部落市民農園，選購部落特色商品，以消費支持部落自力更生。

官方網址

原住民深耕德瑪汶協會 http://www.daanriver.org.tw/

參觀資訊

原住民深耕德瑪汶協會——◎地址：台中市和平區達觀里東崎路一段育英巷17-5號

◎工作站電話：04-25911550 ◎部落廚房電話：04-25911056

蝴蝶王國風采再現

受訪◎廖嘉展　對談◎小野　執筆◎何榮幸

廖嘉展

南投縣埔里鎮

新故鄉動員令

動員者——廖嘉展，曾任媒體記者，長期投入社區營造工作，現任新故鄉文教基金會董事長。

動員組織——新故鄉文教基金會，1999年創立。

基地：南投縣埔里鎮 **面積**：162平方公里 **人口數**：84,324人 **人口密度**：520人/平方公里 **平均年齡**：40歲（資料來源：內政部資料至2012年11月底）

廖嘉展，雲林人，但是他對埔里的情感，比誰都深。一九九九年發生九二一大地震，他死裡逃生後，以十年光陰在埔里的桃米社區，打造出讓全國驚豔的「桃米經驗」及紙教堂見學園區，各地家長紛紛帶著小孩來住民宿、聽蛙鳴、看螢火蟲。如今他要把社區經驗擴大到埔里全鎮，以另一段全心投入的十年時間，讓埔里重現昔日「蝴蝶王國」風采，以行動表達對埔里的愛。

投身社造，生命中的另一段迷航

以《蛹之生》小說成名的小野，與滿口「蝴蝶經」的新故鄉基金會董事長廖嘉展，兩個人的相遇，讓文學與生態撞擊出充滿野趣的人文火花。師大生物系畢業的小野回憶，他在任教期間經常帶學生去戶外教學，當時台灣依舊是盛產蝴蝶的寶庫，讓師生印象最深的記憶就是滿山遍野的美麗蝴蝶。將埔里視為新故鄉的廖嘉展則強調，想要對全體埔里鎮民發出「再現蝴蝶王國」這項動員令，其實是他生命歷程中的「另一段迷航」。

埔里以好山好水聞名全台。原本在《人間》雜誌從事報導文學工作的廖嘉展，因為太太顏新珠的喜愛而來到此地，希望以知識分子的力量為地方帶來正向的改變。但廖嘉展夫婦才剛創立新故鄉基金會，就遇上台灣百年來最嚴重的天災；差點被壓死的劫後餘生經驗，讓他們發願投入災後重建工作。

「地震前，桃米社區是埔里最窮的地方，地方人士還戲稱『連鬼都不敢來』，幾乎沒有發展新產業的可能。」在基金會的邀請下，農委會特有生物研究保育中心主任祕書彭國棟加入桃米的生態資源調查，發現這個老舊的社區其實是一座生態豐富的寶庫，光是蛙類這

↗紙教堂園區舉辦「蝴蝶風起，世界美麗」音樂會，嬉班子非洲鼓舞劇團表演奔放熱情的樂舞。（廖嘉展提供）

一項，就有二十三種之多，幾乎含括了全台灣原生種青蛙種類的五分之四。於是，他們確立生態旅遊的發展願景，並透過社區教育與學習，讓加入志工的居民重新發現自我，同時也肯定社區價值，桃米社區就此成為台灣生態旅遊的典範。

然而，桃米社區的下一步是什麼？

昔日榮景，年外銷兩千萬隻蝶

「我們一直想把桃米經驗擴大為『生態城鎮』，讓埔里成為最適合居住的地方，但世界各國的生態城鎮都不相同，缺乏共同的經驗。什麼是可以凝聚埔里人情感的共同願景？我們不斷討論、發想，才找到蝴蝶這項元素。」

廖嘉展說，一九六〇年代，當時的埔里是蝴蝶加工業的重鎮，一年外銷蝴蝶的數量可高達兩千萬隻。來自各地的蝴蝶以埔里為集散及加工地，不少家庭都是靠著蝴蝶產業養活一家老小、供應孩子上學讀書，即使後來蝴蝶王國的美名光芒不再，老一輩埔里人對於蝴蝶依舊充滿感情，「以前埔里人是靠蝴蝶產業養大的，後來蝴蝶王國美名沒落，大家都覺得對蝴蝶虧欠太多。」

說起蝴蝶的美好，廖嘉展整個人眉飛色舞。「大家知道嗎？埔里不只蝴蝶密度是世界第一。全英國的蝴蝶種類不過六十種，埔里的定點定期蝴蝶調查就達兩百一十四種，專家估計實際應有兩百五十種左右，埔里蝴蝶品種的多樣性更是世界性資源。」

↗南投縣蝴蝶生態豐富，讓人讚嘆。（沈揮勝攝／中國時報資料照片）

↗早年埔里婦女製作蝴蝶標本。
（中國時報資料照片）

↗新故鄉見學園區一景。（廖嘉展提供）

↗紙教堂及愛與互助燈，讓埔里的夜晚更美麗。（廖嘉展提供）

培育種子，要三十五人跑來一百多人

令人惋惜的是，因棲地破壞、濫用農藥、天然災害等多重因素影響之下，埔里的蝴蝶數量大幅降低，蝴蝶產業也隨之沒落。為了重現蝴蝶王國風采，廖嘉展積極擬定三年計畫，並向文建會申請補助，從二〇一一年三月開始進行十條「蝴蝶步道」的訪查，同時大量培育蝴蝶生態解說員。

「我們的初期目標是三十五位解說員，沒想到有一百多人來報名，經過系列學習課程後，這些解說員就成為再現蝴蝶王國的第一批種子部隊。」在此同時，新故鄉基金會與十幾個團體及學校，如南投縣大埔里地區觀光發展協會、原住民部落振興文教基金會、暨南國際大學、暨大附中、麒麟國小等合作，共同推動相關工作，包括推動「我的蝴蝶夢」蝴蝶棲地自力營造示範點三十八處，以及廣植蝴蝶相關食草及蜜源植物；二〇一三年起，更將展開「與蝶共餐」可食地景的活動，鼓勵居民種植人與蝶都可食用的蔬果。

轉型階段，蛹化之痛在所難免

值得注意的是，廖嘉展延續過去成功的桃米經驗，高度重視與在地產業、社區及個人的聯結。基金會於二〇一一年八月發行「蝴蝶風」社區報，由顏新珠擔任總編輯，並且計畫結合在地餐廳推出「蝴蝶餐」（以蝴蝶的食草蜜源植物烹調而成的餐點），讓埔里人能夠密切參與這項生態旅遊產業。

「當埔里人在日常生活中能夠與蝴蝶共舞，那是一件多麼浪漫的事。」廖嘉展以相當抒情的意象，表達對於埔里成為「蝴蝶鎮」的深切期待。小野則以自己的成名小說，為埔里現階段轉型做出註腳：「蛹化成蝴蝶之前是最痛苦的」，但蛹之生的美麗，讓一切的等待值得。

為老鎮燃燒熱情，社造工作者紛紛觀摩學習

九二一大地震劫後餘生，讓廖嘉展對生命有了完全不同的看法。災後重建讓他燃燒熱情，甚至大膽借貸九百萬元，將日本阪神震災重建行動中極具意義的紙教堂（Paper Dome）移來台灣。廖嘉展兼具理性與感性的風格，讓他開創的社造成果充滿了人情味與戲劇性。

當年《人間》雜誌停刊後，由於父親是中醫師，廖嘉展遷居埔里時，一度開國術館維生。直到《天下》雜誌創辦人殷允芃鼓勵他復出寫作，他才開始擔任《天下》的中興新村特派員。一九九三年，他在雲門舞集創辦人林懷民、新港鄉醫師陳錦煌邀請下，來到嘉義新港，接下新港文教基金會執行長一職，開啟受到外界肯定的「老鎮新生」[註1]社區營造之路。

九二一大地震災後，落腳埔里十年的廖嘉展、顏新珠夫婦即刻投入重建工作。新故鄉基金會以中研院院士李遠哲為號召，廖嘉展夫婦長期埋鍋造飯，創造了各地社造工作者紛紛

前往觀摩學習的「桃米經驗」，也為廖嘉展個人在台灣社造史上再立下一樁輝煌的功績。

不為人知辛酸路，社區工作只問快不快樂

但盛名也帶來樹大招風之累，廖嘉展夫婦曾經被抨擊為「文化金光黨」，遭到黑函攻擊。工作上與精神上的壓力，常常讓夫妻倆回家後累得說不出話，「我們家的孩子只好找公雞說話」，突顯了社造工作者背後不為人知的辛酸。當時直爽的顏新珠想要反擊，但廖嘉展認為「不必為此浪費生命。經歷九二一大難不死後，我們已學會用不一樣的角度看待生命，可以包容更多東西」。

此次訪談中，小野特別追問「社造明星」光環，是否給廖嘉展帶來了影響。廖嘉展強調，他最在意的是自己有沒有反省能力、社區有沒有被培力，外界的眼光不是那麼重要，「只要不是政治操作，能讓在地居民對社區工作產生信心，這才是最重要的。」

這麼多年的社造工作經驗，讓廖嘉展深深體認「快樂是一件重要的事」，推動埔里成為生態城鎮的願景，可以讓他和參與的埔里居民都感到快樂，這樣就夠了。

註1——新港位於嘉南平原，具有百年以上開發歷史。受到一九八〇年代大家樂簽賭風潮影響，社會問題叢生。一九八七年新港子弟林懷民與地方人士合組基金會，引進一系列的環保、文史、藝文和社區學習活動，成功轉變了新港的社會風氣。

困境：社區，才是翻轉台灣社會底層的關鍵

台灣社造工作的最大困境是什麼？面對這個大哉問，社造健將廖嘉展輕輕嘆了口氣：「人心如何改變。」尤其在埔里一地，流動人口多，如何讓長住此地的居民與新住民共同關心公共事務，進而團結起來產生認同、形成新的產業，這不但是埔里要面對的問題，也是台灣社造工作者共同面臨的困境與挑戰。

此外，公部門的態度也很關鍵。「埔里的十條蝴蝶步道，大部分位於國有林地，但公部門並未將其列為保護區，使得現在還有人在捕蝶販售。」他建議，政府應將其列為保護區、禁捕蝴蝶，並且發展公共步道、停車空間，才能協助埔里發展生態旅遊。

把視野拉到全國，廖嘉展更強調，「政府對於社區的投資不能中斷」。他以民國一百年的慶祝活動為例，政府為了舉辦相關活動，大幅縮減了全國社造預算，讓包括他在內的許多社造工作者非常無奈。「社區才是翻轉台灣社會底層的關鍵，政府不能短視。」

他也坦承，不少社造團體想要在轉型後「斷奶」，但因過去長期依賴政府，因此碰到政府縮減社造預算也不敢抗議。現階段新故鄉基金會還撐得過去，但很多社造團體卻遇到嚴重困境，這是各地社造工作者必須共同面對、思考的問題。

↗埔里曾擁有豐富的蝴蝶生態。（沈揮勝攝／中國時報資料照片）

突圍：蝴蝶重現，人心改變，整座城鎮才會改變

投入社造工作至今，廖嘉展認為，「願景動員」是改變、提升在地力量的重要動員方式。新故鄉基金會努力推動「再現蝴蝶王國」願景，就是希望達到「蝴蝶回來了，人的心情改變了，整座城鎮才會改變」的終極目標。

廖嘉展認為，想要改變人心，就必須找到能夠讓人感動的願景。唯有埔里人被蝴蝶王國願景感動，大家才會共同努力去保護蝴蝶棲地，不讓蝴蝶生態遭到破壞。如此發展下去，才可能讓每個埔里人吃的食物、穿的衣服、聽的音樂乃至生活方式都與蝴蝶有關。「當人與人之間相互感染，不同意見的人可以相互理解，才可能真正改變人心，造成良性改變。」

在政府政策方面，廖嘉展強調「擴大內需市場」的重要性。他期待政府能以具體社造政策來壯大社區力量，社造資源也都能到位，讓部分成熟的社區能夠建構「小區域共同治理模式」，有能力協助其他社區而形成良性循環。

廖嘉展將多年的實戰經驗，整理歸納在他的碩士論文：〈揉轉效應：新故鄉文教基金會邁向社會企業的經驗研究〉之中，希望藉此分享桃米社區、紙教堂見學園區的成功經驗，並期待以社會企業模式讓社造工作可長可久，讓全國社區都能產生更深遠的改變。

動員，齊步走

行動指南

前往南投縣埔里鎮桃米社區，實地體驗在地的豐富生態與災後重建的人文精神。
加入「紙教堂」Facebook粉絲專頁，了解最新活動訊息。

官方網址

桃米生態村 http://www.taomi.org.tw
新故鄉見學園區 http://paperdome.homeland.org.tw
新故鄉文教基金會 http://www.homeland.org.tw
魅力新故鄉電子報 http://www.homeland.org.tw/newspaper/rss.xml
蝴蝶風 http://btf.homeland.org.tw

參觀資訊

埔里紙教堂／新故鄉見學園區——◎地址：南投縣埔里鎮桃米里桃米巷52之12號◎電話：049-2914922◎開放時間：09:00～20:00（假日延長至21:00關園）寒暑假除外，每月的第一個星期三，為園區公休日，如遇國定假日照常營業。

重返襪業市場龍頭

受訪◎張嵎順、洪雅雯　對談◎吳念真　執筆◎張翠芬

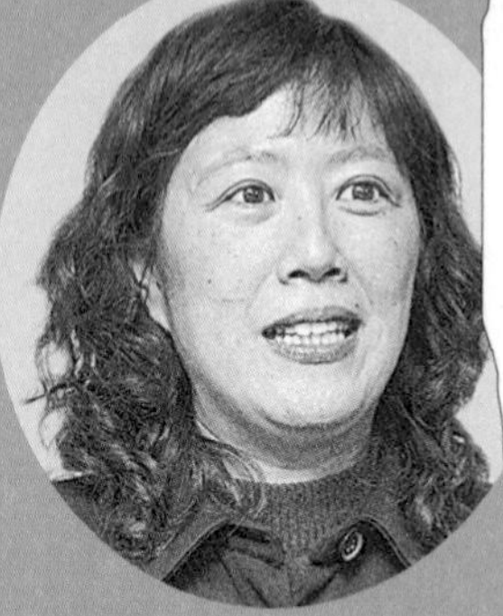

洪雅雯

團結就是力量，
攜手建立織襪觀光城。

張嵎順

彰化縣社頭鄉

新故鄉動員令

動員者——張嵎順，現任社頭織襪產業發展協會理事長。**洪雅雯**，現任建國科技大學國際企業管理系助理教授。

動員組織——社頭織襪產業發展協會，2005年創立。

基地：彰化縣社頭鄉 **面積**：36.14平方公里 **人口數**：44,198人 **人口密度**：1223人/平方公里 **平均年齡**：39歲（資料來源：內政部資料至2012年11月底）

很多人不知道，每天陪自己東奔西走的那雙襪子，正是來自彰化縣社頭鄉！在織襪產業最風光的年代，台灣人腳下穿的襪子，每十雙約有七雙都是在社頭製造生產。但受到原物料成本飆漲，中國及東南亞低價襪子回銷台灣等衝擊，社頭織襪業營收一落千丈。在學界和產業合作下，建國科技大學國際企業管理系助理教授洪雅雯和社頭織襪產業發展協會理事長張嵎順，要攜手讓社頭重回襪業市場龍頭！

剃頭婆看面水，社頭兄看大腿

社頭是個農業聚落，當地出產的水晶芭樂、珍珠芭樂享譽全台，除了優質的農產品，社頭另一個特色就是「襪子」。地方上有句俗諺：「剃頭婆，看面水；社頭兄，看大腿。」貼切呈現當地絲襪生產的盛況。

在產業高峰期投入織襪業的張嵎順說，上海鄭氏父子在戰後引進第一台手搖機器，之後蕭氏兄弟在社頭成立大同實業，成了織襪產業的始祖，公司解散後，員工買下機器，把客廳當工廠，半數鄉民全家總動員加入織襪家庭代工，從編織、縫合、定型、包裝，整個鄉串成一條完整的生產線。

全鄉動員代工，年產逾四億雙

織襪機台須二十四小時運作，通常白天由妻子看守，丈夫輪夜班，張嵎順說，大家幾乎

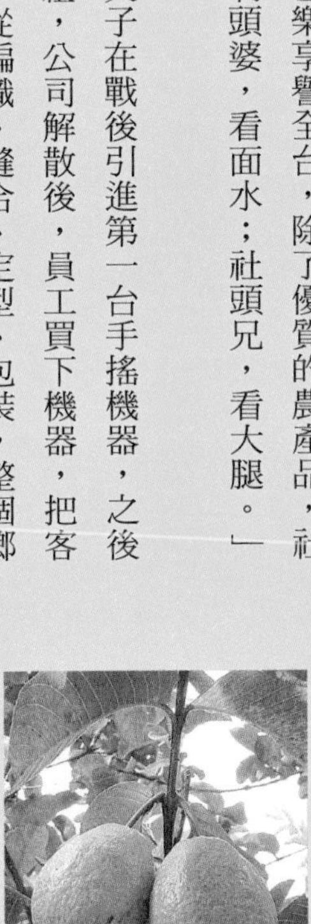

↗彰化社頭的芭樂清脆誘人，是地方特產之一。（中國時報資料照片）

↗彰化社頭是襪子的故鄉，地方經常舉辦織襪秀，讓民眾大飽眼福。（中國時報資料照片）

是沒日沒夜趕工，鄉民常自嘲：「有閒做襪仔，沒閒生囝仔。」

社頭因此以價格低、品質好、穩定出貨的優勢，雄霸襪業市場，每年生產逾四億雙襪子，外銷產值達一百多億元。只可惜，原料上漲、年輕人不願意投入織襪業，傳統勞動優勢沒了，加上ECFA和FTA自由貿易協定等衝擊，社頭織襪產值與全盛時期相較，整整腰斬一半。

「希望消費者看到襪子，就想到社頭鄉。」張嵎順感慨，很多人買國外名牌，卻不知道這些名牌襪子其實是由台灣代工製造，社頭的織襪產業群聚效應非常成熟，不只是絲襪，其他各種功能性的襪子應有盡有，只是欠缺廣告行銷，民眾反而覺得陌生。

欠缺廣告行銷，襪子故鄉褪色

在銀行工作後轉任教職的洪雅雯說，彰化很多鄉鎮都有自己的特色，例如鹿港有古蹟、員林有肉圓，而社頭是生產襪子的集中地，她想讓更多年輕人知道：台灣有這樣一個襪子王國！

「台灣有很多令人驕傲的地方產業，但需要更多人一起參與推動。」她結合建國科大國際企業管理、資訊管理、商業設計、工業工程管理四系三十三位師生，要以反傳統的方式，訴說襪子故鄉的歷史。

擔任教職的洪雅雯，原先不曉得社頭是「襪子的故鄉」，深入了解才發現，多數人穿在腳上的襪子，竟是來自學校毗鄰的社頭鄉，當地方產業陷入困境之際，她爭取到教育部

↗社頭的襪子行銷全世界，美化所有女人的玉腿。（中國時報資料照片）

↖社頭生產的襪子及相關產品，別具特色。（中國時報資料照片）

「大學小革命」[註1]計畫補助，決心動員師生發起「襪哈哈，我們一起來革命！」行動。

大學生說故事，喚回產業榮景

在師生努力下，「襪哈哈工作坊」成立了，Wowhaha電子商城也在建構中，師生拜訪廠商寫在地歷史，並創作屬於襪子的故事，未來將在火車上、公園、學校，進行「聽襪狂想曲」說故事活動，甚至打算前進總統府「開講」。

建國科大國際企業管理系學生邱鈺雯、陳孟楓、陳思卉、謝鎧恩在創作〈Wow的奇遇記〉故事中，細述襪子的歷史和製作過程，襪子像被賦予了生命，他們因而寫下了「人生的低潮就像NG的襪子一樣」等感觸，只要齊心努力，襪子王國將重新發光發熱！

產學相輔相成，激盪火花

有人形容，世界上最偉大的發明就是襪子，它讓所有女人的腿都變漂亮了！吳念真提起四、五年級生的共同記

↗建國科大學生創作襪子的故事〈Wow的奇遇記〉。（插圖：國際企業管理系陳孟楓提供）

憶，午夜苦讀邊聽廣播節目時，總會聽到資深廣播人李季準以低沉又充滿磁性的聲音說出「腰部以下，全部透明，華貴牌褲襪」的廣告詞，在深夜時分，聽來格外引人遐想。

其實，不止華貴牌，許多知名品牌的襪子，包括佩登斯、琨蒂絲等都是在社頭生產。現任織襪公會理事長魏平祺的家族企業，在當地經營已跨越三分之一世紀。個性古意的張嵋順，在社頭織襪業算是中後期晚輩，從代工到自創品牌，看著產業興衰，很希望藉由產學合作的力量，給中小型廠商多些支援。

家住彰化和美的洪雅雯，並不是社頭在地人，她形容自己超愛玩又不安於室，她有句「洪氏名言」：學習不是只在學校教室，而是在「玩樂之間」！她經常帶著學生到處趴趴走，這股愛玩的熱情，讓她願意接受衝撞與挑戰，這一次，她要帶學生跟著襪子趴趴走。

「第一次看到雙方合作都笑咪咪的！」吳念真大讚「這是非常美妙的結合」。過去產業界難免有老大心態，常認為教書的沒有實作經驗，憑什麼來指導。這一次，產業界心胸寬大的表示願意接受學界「輔導」，學界也謙虛地說「是帶著學生來了解學習」，產學雙方心甘情願的合作，到底會蹦出什麼火花，大家拭目以待。

註1——「大學小革命」為教育部「未來想像與創意人才培育計畫」中程個案計畫下的子計畫，以研發文化及產業軟實力為計畫主題。

↗建國科大襪哈哈團隊在觀光襪廠，自己動手做襪子娃娃。（洪雅雯提供）

困境：油電漲成本飆，競爭力下滑中

你在路邊攤或夜市買過一雙十元的襪子嗎？那鐵定是中國貨！「油電雙漲，織襪成本至少增加百分之十以上，產業正面臨最嚴峻的考驗！」張嵋順細數，台灣襪從製版、打樣、加工到包裝，一雙襪子合理售價約三、四十元，大家若不支持台灣本土襪，織襪廠快撐不下去了。

吳念真笑稱社頭有芭樂多、襪子多、董事長多「三多」有趣現象，掏出名片不是董事長就是總經理。他一語道破產業困境：大家在自家打仗，忙著求生存，哪還有時間求發展？

張嵋順坦承，社頭全盛期登記的小型織襪工廠多達四百家以上，目前仍有三百四十幾家小型襪廠，多數以代工維持生產線。令人憂心的是，台灣的競爭力在下降，油價、電價什麼都漲，成本愈來愈高，歐美訂單大量移轉到中國、韓國。織襪工業同業公會理事長魏平祺還特地在公會網站上提醒會員「做好應對準備」。

傳統織襪產業也需要轉型，張嵋順說，織襪業已採用全自動機器，不像過去需要密集的勞力，現今的織襪廠要集OEM（委託代工）、OMD（設計加工）和OBM（自有品牌）於一體，發展像竹炭襪、醫療襪等精緻高單價的專利產品，才能擴展市場。

由經濟部工業局主導的「彰化社頭織襪產業園區」預計在二〇一五年開發完成，社頭鄉公所也定期舉辦「芭樂織襪節」來突顯地方特色。「織襪業本身要凝聚共識，政府也要幫忙產業打天下，打出MIT的品牌，台灣才能再創襪業高峰。」張嵋順代表業界向政府提出呼籲。

↗台灣織襪業需要轉型，才能擴展市場。（中國時報資料照片）

突圍：行銷在地特色，打造織襪觀光城

洪雅雯推動社頭「襪哈哈」革命，希望結合地方資源將社頭的門面──火車站，打造成一個五彩繽紛的「襪子世界」，大大的襪子LOGO，即使不下車的過客，也能從襪子的標誌，一眼認出這裡就是社頭。

從彰化市到社頭的區間車上，洪雅雯打算規畫「襪坐火車來社頭」觀光行程，學生已陸續完成〈小芭樂〉、〈Wow的奇遇記〉等繪本故事，計畫採定點方式，利用短短三十分鐘的車程，由學生為旅客說故事，未來若納入例行定點觀光行程，可大大增加地方產業曝光度。

一踏出社頭火車站，台灣織襪文物館就在眼前，這座文物館是社頭織襪產業發展的縮影，但因場地狹小，只有靜態展示，很難吸引人潮。張嵋順正和建國科大師生合作，打算善用火車站的地利，擴充文物館軟硬體，在周邊形成襪子的假日市集。 張嵋順認為，在織襪業外銷出口衰退之際，應擴大內需市場，拓展國內觀光產業，產業才有再往上衝的實力，協會希望結合學界力量，藉由建國科大師生參與，行銷在地特色，把社頭營造成一個「織襪觀光城」。

消費者可利用週休二日到襪子的故鄉遊玩，聽故事、看歷史，還能一次看足、買足各式各樣的襪子，未來也希望爭取陸客團把社頭納入旅遊的一站；平日則安排國中小學生校外教學或參訪，讓更多人知道社頭襪業發展歷史及襪子種種知識。

要改造火車站、建構「織襪觀光城」，需要更多廠商一起參與，也要地方人士、鐵路局等相關單位的支持配合，「有一定難度，但很值得推！」張嵋順、洪雅雯對此充滿期待。

動員，齊步走

行動指南

前往彰化縣社頭鄉，實地感受台灣織襪重鎮的產業風貌。

購買台灣在地襪製品，以實際消費支持台灣襪業。

官方網址

社頭織襪產業發展協會 http://www.社頭織襪協會.tw/

參觀資訊

台灣織襪文物館──◎地址：彰化縣社頭鄉社站路6號◎電話：04-8733990

◎開放時間：週一至週五08:30～17:30

鄒族站起來，天災危機變轉機

受訪◎安志強、陳恆德　對談◎吳念真　執筆◎張翠芬

陳恆德　　安志強

嘉義縣阿里山鄉

新故鄉動員令

動員者——安志強，基督教長老教會山美教會牧師，並擔任鄒族重建關懷站主任。**陳恆德**，現職醫師，並擔任財團法人醫藥品查驗中心特聘研究員。

動員組織——台灣基督長老教會八八水災鄒族重建關懷站，2009年創立。**台灣基督徒醫學協會**，1967年創立。

基地：嘉義縣阿里山鄉　**面積**：428平方公里　**人口數**：5,751人　**人口密度**：13人/平方公里　**平均年齡**：39歲（資料來源：內政部資料至2012年11月底）

阿里山美麗的達娜伊谷，曾是鄒族的忘憂天堂，莫拉克颱風帶來的水災無情地毀屋奪舍，天然美景變色，族人數十年苦心復育的鯝魚毀於一旦。八八水災鄒族重建關懷站主任安志強牧師，和台灣基督徒醫學協會（TCMA）陳恆德醫師，呼喚部落青年返鄉，更希望社會各界持續關懷陪伴，攜手重建鄒族原鄉！

觀光龐大利益，折損傳統文化

位於嘉義縣阿里山鄉山美村的達娜伊谷（Tanayiku），鄒語意指「忘憂之地」，當地依山傍水風景秀麗，溪流處處可見俗稱「苦花」的鯝魚。這裡，更是全國第一處以社區力量保育成功的自然生態公園。為了對抗開發濫墾，一九八〇年代鄒族長老發動「封溪」保育，由山美人義務捍衛山林溪流，這一段歷史還被寫入國小教科書。

在山美教會擔任牧師的安志強說，達娜伊谷鼎盛時期每年遊客超過二十萬人次，門票年收入高達五千萬元，族人婚嫁就學都有補助，龐大的利益，形同「觀光經濟土石流」，使鄒族的傳統價值文化快速流失。賺錢容易，學一技之長不再重要，部落出現學生中輟、酗酒、未婚生子等嚴重的社會問題。

凝聚部落共識，正值關鍵時刻

二〇〇九年的莫拉克水災，將達娜伊谷的自然景觀徹底摧毀，遊客量瞬間歸零，部落生

↗莫拉克水災後，山美（Saviki）永久屋是阿里山鄉第一個離災不離村的永久屋。（呂妍庭攝／中國時報資料照片）

↗阿里山鄒族的傳統男子聚會場所——庫巴（kuba）。（台灣基督徒醫學協會提供）

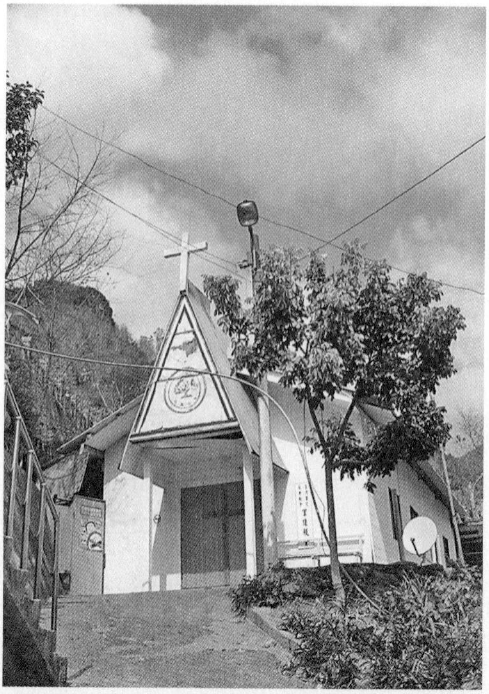

↗阿里山的教會，是災後鄒族人心靈重建的據點之一。（台灣基督徒醫學協會提供）

計產業與就業面臨嚴竣挑戰。

安志強說，政府和許多民間機構積極投入重建，但許多團體都是短期停留，像是給族人一瓶提神飲料，當下很有精力，效力過了，一切又回到常態，尤其是心靈創傷更難撫平，許多老人看到家園一夕變色，憂鬱哀痛、病情惡化相繼病逝，「村裡氣氛一直低迷不振，我們對未來還是很茫然。」

二〇一二年八月，重建任務暫告段落，雖然行政院莫拉克颱風災後重建推動委員會決議災後重建工作可延長兩年，但大部分的資源將陸續撤離，安志強認為：「當外來支援的團體都走了，才是部落凝聚共識的關鍵時刻」。

抗戰才剛開始，亟需陪伴力量

在水災之前，台灣基督徒醫學協會曾上阿里山考察。天災重創原鄉，協會成員陳恆德醫師立即發起「尼希米行動」參與重建。陳恆德說，尼希米是《聖經》裡的人物，他在波斯王宮為國王倒酒，時時掛念家鄉耶路撒冷城牆毀損，國王允許他帶資源返鄉，克服萬難，終於重建城牆。

「我們希望用關懷陪伴，成為部落的家人！」陳恆德說，協會除了定期提供義診、募集物資，更重要的是，訓練當地的青年，用鄒語為老人禱告、唱詩歌、為獨居老人送餐，安撫災後人們受傷的心靈。

陳恆德的父親陳天惠醫師在嘉義朴子執業，長期下鄉義診，並獲得醫療奉獻獎。受父親影響，陳恆德一家四兄妹都服務於醫界，也是虔誠的基督徒，他擔任醫藥品查驗中心執行長時發起尼希米行動，更是全家總動員投入偏鄉醫療服務，這個行動正在醫藥界慢慢發酵。這三年來，陳恆德平均每兩、三個月就上山陪伴部落友人，一路走來，他認為：「領受的比給予的更多。」

他也提倡「心歸鄉」運動，強調人不一定要歸鄉務農，不管是在農村生活的人，或者是偶爾到鄉下度假的人，心都可以「歸鄉」，永遠可以選擇在鄉村放下自己的心，認同農村土地與生活。

守護大自然，種植傳統作物

曾到阿里山旅遊的人，一定會看到沿路都是茶園和檳榔樹。吳念真提及他曾到訪山美部落，山上欣欣向榮，四周的景象卻讓他嚇一跳，因為每個茶園旁，都有一個四四方方的水泥建築，裡面擺的全是農藥，他忍不住對友人說：「你們都喝高山茶哦！有一點可怕！」

「阿里山的茶和檳榔，都不是鄒族人種的，我們並不是破壞原鄉土地的殺手！」安志強是茶山部落鄒族人，他發出嚴正聲明，強調鄒族人一直是大自然的保護者。

安志強是長老教會培訓族人在當地服務的牧師，四十歲的他對家鄉遭高度開發，深感憂心。他認為，族人最需要的是振興產業，具體做法就是「多多支持鄒族人的傳統作物！」

山區每個教會都有農事班，教導族人種植傳統作物，包括小米、薏仁、香菇、金線蓮和香稻米，希望發展健康無毒又能兼顧大自然的農業，其中香稻米是鄒族特有的作物，一鍋米中加一小把香米，煮好的飯香氣四溢，令人食指大動。

盼鯝魚身影再現，受傷的心重新活起來

安志強說：「經過苦難，族人的向心力、包容力，都比過去更大了。」對鄒族人來說，災難仍未結束，重建之路還很漫長。陳恆德打算，進一步結合有心長期留下來的團體，把社會資源帶到部落，加入這場生命共同體的抗戰。

「請年輕人回來部落，傾聽自己部落的聲音。」安志強說，鄒族約六千人，半數在外地都市；部落需要知識青年返鄉，了解、看見部落的需求，凝聚對母語、族群、歷史、土地的向心力，並幫助部落走出困境。

達娜伊谷溪裡近來又零星出現鯝魚身影，雖然，被毀損的大自然，永遠無法再完全回復到從前，但持續地關懷陪伴，鄒族美好的文化傳承可以重現，足以讓受傷、乾涸的心重新活起來。

「這場災難，沒有讓我們難過、絕望，台灣是人心非常美麗的地方，謝謝你們的陪伴。a veo veo yu !」安志強用鄒族的一句話，表達無盡的感恩與祝福。

↖台灣基督徒醫學協會在阿里山發起「再造杏林」植樹活動。（台灣基督徒醫學協會提供）

困境：分享文化消逝，心靈陷崩塌危機

鄒族最有特色的傳統就是「分享文化」，獵了山豬回來，族人一起享用，分享時只要一句「a veo veo yu」，就能表達內心滿滿的喜悅、感恩與祝福。但這樣的分享文化，正慢慢消逝。

長老教會牧師安志強回想莫拉克颱風當時，阿里山上斷水斷電缺糧，台北和各地教會的賑災物資須靠人力接駁運上山，長老教會總會動員花東泰雅族青年當挑夫，幫忙揹物資走十五公里、四小時山路，但後半段路程須由鄒族人接應。安志強回部落號召，得到的回應竟然是：「你們要付多少工資？」可是，教會根本沒錢，最後由泰雅族青年繼續揹著物資，走完三十公里全程。

雖然族人沒出面幫忙，教會還是把物資平均分送給每戶人家，族人才體會到教會是無私地分享，當第二次徵求挑夫時，年輕族人紛紛出面主動幫忙，安志強說：「在那個時刻，鄒族的分享文化又被喚回了！」

阿里山茶山村李玉燕長老在協會探訪時提及，部落有些地方仍維繫著分享文化，鄒族人會在涼亭下掛一串芭蕉請客，路人只要說一句「a veo veo yu」就能享用，但外來遊客常誤解，聽到導遊說芭蕉是免錢的、可以盡量吃，當場吃不夠，竟然整串割下來帶走，令族人覺得很傷心。

天災重創阿里山，幸運的是，山上無人失蹤死亡，在李長老眼中，這是大自然要大家透過災難學習更深的反省，因為，政府和民間團體的幫助，可以讓硬體再現甚至升級，但如何清除價值觀墮落的「內心土石流」，是更迫切需要面對的心靈重建。

突圍：配合部落腳步，慢慢來，快快好

陳恒德和鄒族部落接觸之初，曾經碰了許多次釘子，直到配合部落的腳步，才真正聽懂族人的需求和心聲。安志強也說，風災後許多民間團體都很有愛心，拚命給物資、推計畫，族人卻覺得，都市人腦筋動得太快，又急著想看到成果，給族人壓力很大，紛紛要求不要和都市人合作，好讓大家知難而退。

「你們都在台北，拚命給一堆點子，真正做事的卻是我們！」安志強說出眾多鄒族人的內心話。他認為：「慢慢來，反而比較快！」陳恒德說，協會剛開始也是一頭熱，買了相機發給每位鄒族人，希望「用族人眼光看災難」，最後活動卻不了了之。

經過多次磨合，協會改變策略，以「陪伴」為重點，培訓在地居家關懷員，探訪老人、為老人送餐，並建立網路視訊，協助教會成為社區心靈重建中心。「天使在線」是協會推動的重點之一，凡是關懷鄒族朋友的人，都可加入線上平台，透過網路關心偏鄉友人的需要，形成「愛的連線」。

此外，台灣基督徒醫學協會以鄒族藝術家白紫．迪雅奇安娜（Paicu Tiaki'ana）創作的《獵人與塔山》，印製了一千份賀卡供外界認購贊助。本身是台大醫師的陳恒德也在醫藥界推動「再造杏林」小額捐款認養種樹活動。因為，醫師曾是社會菁英，曾幾何時，傳統醫師角色榮景不再，醫界有必要重新找回「杏林」精神。協會在深山陸續造林，期待終有一天也能杏樹成林，共同為阿里山的青山綠水盡一點心力。

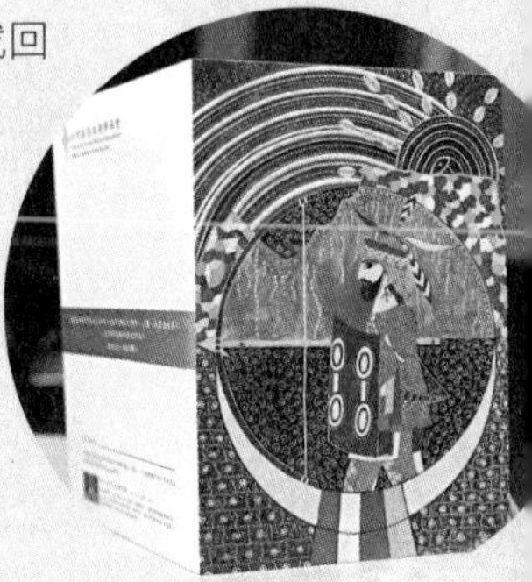

↗以鄒族藝術家白紫畫作《獵人與塔山》印製的萬用卡。（陳信翰攝）

動員，齊步走

行動指南

透過相關團體的網路訊息分享，了解阿里山鄒族面對天災之後的重建歷程。

官方網址

台灣基督長老教會88水災鄒族重建關懷站 http://typhoon.pct.org.tw/stn04.htm

阿里山尼希米行動 http://www.tcma.org.tw/106

捍衛水源，建立無毒村

受訪◎陳顯茂　對談◎吳念真　執筆◎江慧真

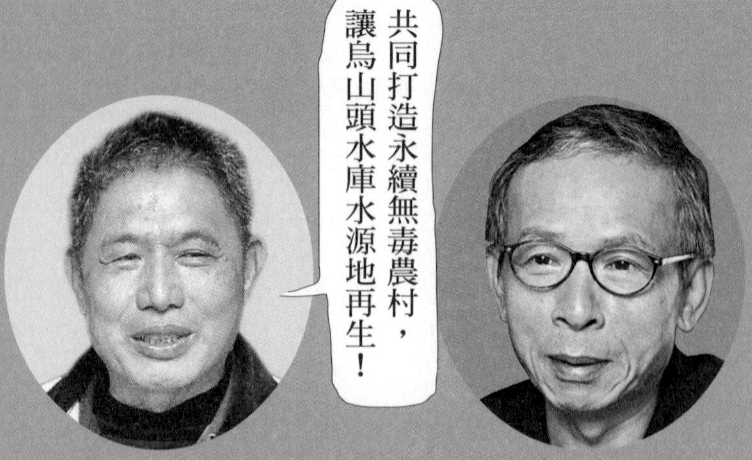
共同打造永續無毒農村，
讓烏山頭水庫水源地再生！

陳顯茂

捍衛東山鄉

台南市東山區

新故鄉動員令

動員者——陳顯茂，曾任東山鄉環境保護自救會總幹事及東原國小教師，現任台南市東山區嶺南里里長，及嶺南社區發展協會理事長。

動員組織——東山鄉環境保護自救會，2003年創立。

基地：台南市東山區　**面積**：125平方公里　**人口數**：22,544人　**人口密度**：180人/平方公里　**平均年齡**：45歲（資料來源：內政部資料至2012年11月底）

台南市東山區嶺南里坐落於烏山頭水庫水源區，以種植龍眼、柳丁聞名，八百多位村民多是老農，日出而作日落而息，生活淳樸平靜。二〇〇〇年，一個化身「遊樂園」的歡樂謊言降臨，全村命運從此改變。十多年來，嶺南里里長陳顯茂帶著這群七、八十歲老農上街頭，最終打贏了官司、戰勝官僚體系。

蓋遊樂場變垃圾場，全村被騙

這是一個「閉塞」的國小老師變成環保悍將的故事。

十多年前，東山鄉的村民口耳相傳：這裡要蓋遊樂場了！老農樂觀其成，因為遊客來了，水果就會大賣；當送進台南縣政府的申請案，竟搖身一變成了「永揚廢棄物掩埋場」之際，村民仍渾然不覺。

謊言的開始，來自政商勾結；謊言的揭穿，也來自政治利益。二〇〇三年，是鄉長、鄉民代表、村長的地方選舉年，在選票爭奪戰下，「是垃圾場非遊樂場」的事實才被揭穿，全村頓時晴天霹靂。

「蓋遊樂場為什麼每天搬走這麼多土？大家恍然大悟……。」一塊地賣兩回：先把土挖出去賣，再把垃圾載回來填！村民開始抗爭，但永遠只得到「環評通過，無法改變」的官式回函。有一天，東原國小老師陳顯茂照常下課回家，半路被攔下來改寫陳情書，這一投入，就是十年。

↗長達十年的抗爭，終於在法院判決永揚公司有罪下，嶺南里獲得遲來的正義。（陳顯茂提供）

共犯結構牢不可破，公民自救

「我們三天一陳情，五天一抗議，永揚公司要大家坐下來溝通，其實卻很小人，村民在裡面講得義憤填膺，他們在門口偷貼告示、拍照留念、然後登報公告……。後來請大家試用新產品，阿公阿嬤領完平底鍋簽名，卻變成調查同意書。」大家只能啞巴吃黃蓮，陳顯茂形容。

儘管敘理流暢、文情並茂，陳顯茂一封封陳情信，上到府院黨下至縣市鄉，全落得一模一樣的回覆：「嚴格把關」。老農惆悵，「老祖先在這裡安身立命，留下這麼美的水庫水源地，財團拚命騙、官員無感覺，我們自己不挺身而出，一定會被滅庄！」

村民不知道，他們對抗的，是牢不可破的產官學共犯結構，也是一場「弱勢村民VS.專業霸權」、「自救公民VS.冷漠官僚」的不公平戰爭！

自力救濟揭發騙局，永不妥協

大字不識幾個的老村民，在無數貴人與環保團體協助下，開始從環評書下手「找碴」：環評說沒地下水，但這裡舊名「井仔坪」，以前老祖宗都能打井水喝，怎會沒水？村民自掏腰包買航照圖、花錢挖井自力救濟；環評說沒斷層，整村動員把所有山頭雜草拔得乾乾淨淨，請來台大教授陳文山鑑定地震斷層；檢察官要來鑽探水位，全村自動編組二十四小時輪班，住在草寮六十天任憑蚊蟲叮咬，只為守候井位不被動手腳。村民無畏無懼，總計

↗抗議民眾將當地被汙染的水和發現被偷掩埋疑似有毒的爐碴帶來現場。（陳麒全攝／中國時報資料照片）

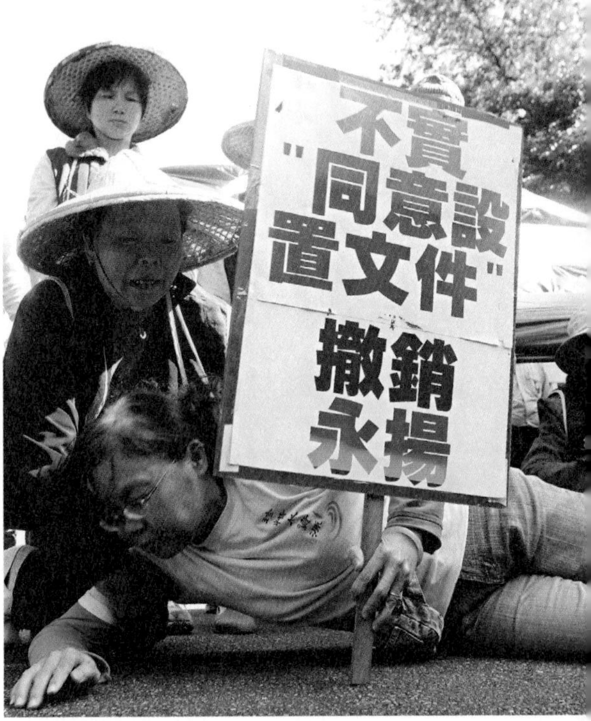

↗環保團體及台南東山居民到行政院與環保署陳情，演出行動劇。（陳麒全攝／中國時報資料照片）

找出一百七十多個環評缺失，連同勘驗證據送到環保局，一步步逼使公部門正視這個世紀大騙局。

一路走來，陳顯茂被行政單位冷眼、被教育體系逼退、被黑道勢力脅迫，但最大的動力，來自老人家的堅決執著。每回他勸阿公阿嬤們：「老人年金一個月才三千元，你捐出去就沒了，留著自己用吧。」老人家總回答：「菜自己種，省一點過日子，水源一旦被汙染，毒不到我這一輩，但我們要為後代子孫奮鬥啊！」

多年抗爭終成功，謝天敬神

二〇一〇年十一月底，台南高等法院宣判「永揚偽造文書」有罪定讞；隔年四月，台南市政府確定撤銷此案。在阿公阿嬤的眼淚中，遲來的公道，終於還給他們乾淨的土地。

當台南高院終於判決永揚有罪定讞，台南市政府也接著撤銷垃圾場案，嶺南里民贏得最後勝利，這群七、八十歲的阿公阿嬤，一起跪在活動中心的中庭，舉香齊眉還願，感謝佛祖和天公保佑，讓抗爭成功。因為有時候，他們不相信人，只相信神。

陳顯茂說：這群老人家，別看年紀大，個個固執得很，對捍衛祖先的水源地很堅持，對這一輩的責任很堅持，連拜拜也很堅持；光問要燒多少金紙給佛祖，阿公阿嬤就直挺挺地跪在佛祖廟前四個多小時，一共擲了十二筊問個清楚，才歡喜甘願離去。

危機使村民更團結，共渡難關

阿公阿嬤嘴巴上雖說不信人，但他們深知，帶領大家擊退垃圾場的人，正是陳顯茂。回首十年，陳顯茂內心不是憤怒而是感動，「村子沒抗爭之前，你大概只知道誰住哪，但一輩子沒說過話，既不熟也沒交情；經過十年抗爭，村民之間水乳交融，大家的感情都變得很好。」

陳顯茂強調，這不是他一個人的功勞，因為，這個村，很團結。「這些年有人送錢要我放棄抗爭，也有民意代表打電話威脅給我好看，或角頭三天兩頭到我家坐，但鄰居一看到，就會成群結隊來保護我，到最後連對手都有所忌憚：哇！這個村團結得有點恐怖。」

吳念真感慨，「在台北，一個社區光要換一個燈泡，搞三個月都換不成。」陳顯茂帶著村民拔草找地震斷層，半夜在荒野外錄雨蛙叫聲，自費挖井做地電組探勘，住草寮六十天護地下水位，更南征北討四處抗議陳情，「這是一個多麼可怕而偉大的工程！」

十年的永不妥協終於贏得正義，這個結果給了他啟示，只要執著不放棄，一定會成功，他希望子孫明白這塊土地發生的歷史，世世代代繼續愛護土地，「我在半路上被攔下來看陳情書時才四十幾歲，一晃眼，我頭髮都白了，但我不後悔，人生，會有幾個白頭呢？」

困境：官官相護，環評書造假沒人遭懲處

嶺南里面對強大官商勾結的困境，十天十夜都說不完。陳顯茂指出，永揚所提垃圾掩埋場案，出現密度最高（一個村有三座）、未經居民同意、未辦說明會、無公告、丈量不實、購地金額不合理、環評不實等十三項疑點，明眼人一看，就知道內幕重重，無奈從縣政府到府院黨不是冷漠以對，就是官官相護。翻案成功的關鍵，在於高達一百七十幾個錯誤的「環評書」，但當時要拿到環評書，卻比登天還難。

陳顯茂說，環保局以「數量有限」不提供，規定「只能在辦公室裡面看，不能帶出去也不能影印！」最後在內線人士告知下，才從鄉公所找到不完全的兩本（初版、第五版），他才窺見環評書的荒謬。

中央和地方官員無疑是此案的「沉默幫兇」，根據《環境影響評估法》，地方環保局對地方所提疑點，必須召開監督會議，但官員開會只是改改錯字或校正文句，甚至還稱讚永揚環評書寫得好，「我們每次去都準備好多證據，連成功大學衛星遙測研究中心說沒有地下水和斷層，都被我們舉證推翻；事後成大該中心被查出來收受業者八百萬元，環評涉嫌造假，我們去教育部提告，也不了了之。」

這是全台第一件因環評書造假而遭起訴的開發案，最後雖以有罪定讞落幕，諷刺的是，沒有任何官員遭到懲處。

↖東山農民所種植的無毒農作物柳丁、龍眼等，希望藉此推展觀光產業。（黃文博攝／中國時報資料照片）

突圍：老輩們抗爭成功，盼年輕人接棒永續農村

靠自己的力量，守住了烏山頭水庫水源地；未來，陳顯茂希望，外來的專家學者，可以指導在地「農村再生」，以安全健康、永續無毒的概念經營農村，搶救下來的家園，才會有明天。

十年來，村裡活動中心的黑板上，永遠寫著「某月某日到某地抗爭」，村民苦行、靜坐，足跡遍布立法院、環保署、台南環保局和法院。「拿著鋤頭去抗爭，那是不正常的事情，農民逼不得已才做的；未來，農村還有很多文化的意涵，我們應該改變農村，讓它充滿發展生機和就業機會，年輕人才可能回來！」

陳顯茂希望，未來打造四大無毒樂活區，包括農村意象園區、綠生活生態區、農村聚落文化區、無毒農村體驗區等；配合農委會的農村再生計畫轉型，加入產銷計畫與生產技術，來提升柳丁和龍眼的價格。他說，往年因產量過剩，價格低迷，未來須思考如何讓產業多元化，例如農產品加工，透過無毒栽培與合理用藥的推廣，加上包裝行銷，台灣的農村才能有機會。

他也期待年輕人，在外發展若不順利，學習老人的精神，回鄉來努力吧！村裡老人日夜想的，就是年輕人回家，老人家抗爭那麼久，「如果最後人口老化凋零，變成荒草漫漫，也沒意義啊！」

動員，齊步走

行動指南

前往台南市東山區嶺南里，實地體驗無毒農村的採果樂趣。
以消費支持東山區嶺南里的無毒農產品。

官方網址

東山鄉環境保護自救會 http://tw.myblog.yahoo.com/jw!XFYTwmGRGBqX0YE28TmR
東山嶺南無毒農產品 http://dongshan-organic.blogspot.tw/

交通資訊

台南市東山區嶺南里——
◎地理位置：位於台南市東山里西南邊，南99線公路為主要聯外道路，與烏山頭水庫風景區相隔約40分鐘車程。 ◎洽詢電話：0910-977-887／06-6861439（東山區嶺南里社區發展協會陳顯茂）

撫平傷口，找一條回家的路

受訪◎柯玉琴、涂裕苓　對談◎吳念真　執筆◎黃奕瀠

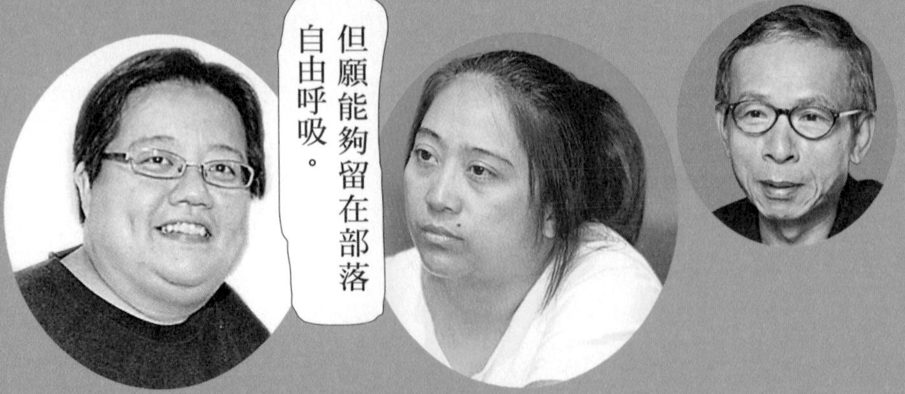

涂裕苓　　柯玉琴

新故鄉動員令

動員者——柯玉琴，現任寶山社區發展協會總幹事。**涂裕苓**，現任旗美社大莫拉克重建站專員。

動員組織——高雄市寶山社區發展協會，1992年創立。

基地：高雄市桃源區 **面積**：929平方公里 **人口數**：4,578人 **人口密度**：5人/平方公里 **平均年齡**：34歲（資料來源：內政部資料至2012年11月底）

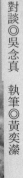

高雄市桃源區據說是布農族最後遷移之地；為了謀求適合繁衍生存的環境，布農族祖先從南投遷移，最後來到桃源寶山。二〇〇九年的莫拉克風災摧毀了他們的家園，政府要求他們再度搬遷。大多數族人搬遷到平地、住進慈濟大愛園區，但還有近半族人堅持「就地安置重建」。寶山社區發展協會總幹事柯玉琴強調：「我們只想找到一條回家的路。」

怕一下山就回不去，堅守家園

柯玉琴回憶莫拉克風災當時，如天崩地裂，整個部落像要爆炸。如今她所居住的藤枝部落道路完全中斷，房子地基完全裂開，「好像經歷一次地震。」部落老人說，從未有如此恐怖的經驗。他們自行避難，雨一停，便沿著藤枝林道走下來，柯玉琴強調，族人從未要求政府負責他們的安危。

高雄桃源是個原鄉，莫拉克風災受創嚴重，交通至今尚未復原，二〇一二年六一〇大雨再度沖垮便橋便道，桃源成為唯一需要直升機救援的地區。儘管不便，但原住民仍堅守家園，生怕一下山，就再也回不去了。

寶山是桃源區中最靠近六龜、交通最方便的聚落，從六龜走藤枝林道而上，依序可到達寶山等四個聚落，並直達藤枝森林遊樂區。寶山是整個桃源地區最早有電，最容易離開到平地發展的聚落。「因為教育問題，我們家很早就搬到六龜，但因為這塊土地日漸凋零，我又再回來。」柯玉琴是回鄉服務的原住民知識分子，出生在大家族的她念念不忘耆老的

↗莫拉克風災後，桃源區對外道路損毀，族人只能徒步下山。（柯玉琴提供）

叮嚀，自覺對土地有責任，因而在風災後扛起社區工作，幫長輩們「翻譯」各種看不懂的公文，也不停向外界解釋他們對土地的情感。

山林智慧被否定，難掩沮喪

儘管寶山的交通動脈藤枝林道未在風災中受損，寶山卻成為桃源區唯一被判定「不能居住」之所，居民被迫四散到大愛園區或寄居鄰近的六龜，這群布農族再次遷移。然而，「靠山吃山」的族人，仍得每日上山往返照顧農作，許多人無法離開山林，更不願離開。自風災後至今，柯玉琴和族人不停和政府開會協商，希望能在鄰近的土地上重建家園。「我們已經選了一塊地，很多人都想知道到底能不能回來？」

柯玉琴談及祖先覓得這塊家園的艱辛時，忍不住哭了出來，柯玉琴委屈的是，決定家園的過程是如此辛苦而謹慎，長時間千挑萬選的土地，卻被政府和專家學者一語否定，「布農族自古以來就是和山一起生活，懂得自然能判別安危，老人家就是這塊土地的專家。」

盼在鄰近土地重建，持續協商

這塊三十八甲地是昔日鄒族讓予布農族的土地，被稱為「taul-taul」，涓涓細流之意，是布農族的公共獵場。每當風雨來襲，族人便會到這裡避難，即便五〇年代國民政府大肆砍伐這林木蔭鬱之地，地基仍然堅固。「因為是世居之地，所以我們比任何人都了解這裡。」寶山重建委員會會長林居全委婉地對重建相關官員說，布農族人原就有山林求生的經驗和智慧，不會笨到無法判斷安危。

專家判斷「不適人居」的這塊地，卻是昔日高雄縣政府興建纜車的預定地，如此標準讓寶山里族人相當失望，也無所適從。柯玉琴指出，政府的評估決策未定，重建也就懸而未決，族人也跟著徬徨：往後的路到底該如何走下去？[註1]

宣示不忘本的決心，辦文化祭

「原住民對家的定義，不只是房子而已，還有獵場和族群的移動空間。」柯玉琴表示，布農族本就是分散的族群，沒有永久屋的概念，對家園選擇僅僅是人和土地能否得到平衡。只是，政府和專家學者都無法理解，問題始終懸宕。

未能重建的寶山，顯得冷清，只有少數健行的遊客造訪。然而，家雖未重建，根卻不能斷。為了宣示不忘本的決心，寶山舉辦了文化祭，長者以嘹亮的歌聲唱和著團結的重要，期盼同心復原文化，也舉辦了射耳祭[註2]，藉著祭典的儀式撫平族人因爭論而分裂的傷口。柯玉琴表示，他們會定期舉辦尋根之旅，進行文史調查，希望能在部落日漸凋零之時，還能找回一點希望。

註1——高雄市原委會已於二〇一二年十一月核准在六龜興建二十戶永久屋。

註2——射耳祭為布農族一年之中最盛大的祭典，主要是為了向祖靈祈求下一年能夠豐收，同時也有延續布農族男性打獵傳統的意涵。

↖寶山孩童穿著傳統服飾參加社區活動。（旗美社大提供）

不能失去祖先的土地，繼續堅持

二〇一〇年二月，寶山災民入住大愛園區當日，寶山藤枝部落一群布農族選擇上山「尋根」——他們在寶山重建會執行長陳清榮的帶領下，回到馬里山流域舊部落，認識族群遷移史。原住民導演馬躍・比吼（Mayaw Biho）[註3]跟著上山，並將這段「永久屋」和「尋根路」的分岔，拍成了《移動布農，遇上永久屋》這部紀錄片。

族名 Aziman Ismahasan 的陳清榮多年前從警界退休，便投入部落文史調查工作，風災後，組織了自救會，希望能為那些盼望留守山上的族人發聲並爭取權益。他的使命感來自於一句布農族長輩常說的話：「老祖宗留下來的土地不能丟掉。」因而堅持即使將來還是失敗，也不能在他這一代失去土地。

寶山藤枝部落或許是近代遷移最多次的原住民族群，自一八七〇年代，祖先由台東海端跨過卑南主峰來到馬里山流域後，藉著和魯凱族聯姻取得土地居住權。日本殖民政府為了集中管理「蕃社」，將分散的布農族集中到現在的那瑪夏區（原高雄縣三民鄉），而日本戰敗前後的一場瘟疫及人口擁擠等問題，又讓這群布農族再度遷移。一九五〇年代，陳清榮的父親將族人帶到了寶山這邊。

家族戰爭的感情裂縫，更需重建

「從日治時代開始，我們就一直被迫搬遷。」陳清榮表示，一九七〇年代，一場風災讓

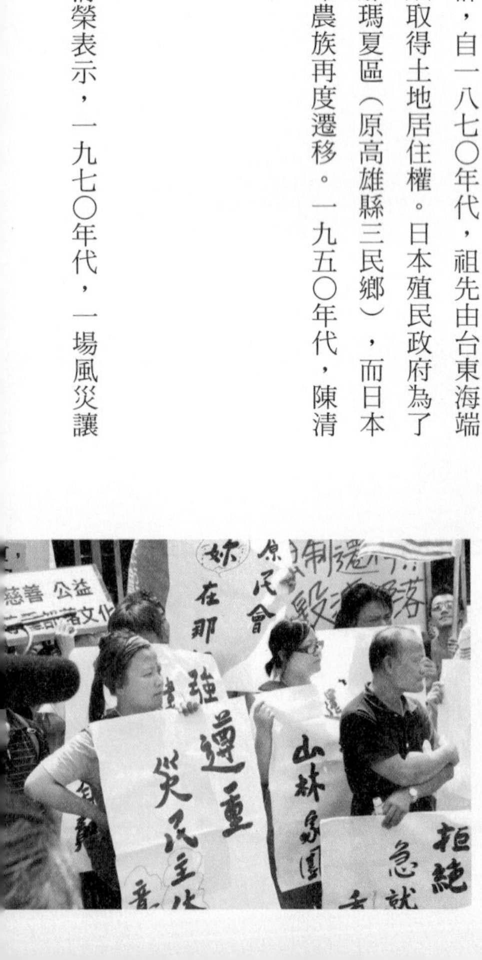

↖為了爭取原鄉重建，原住民上街抗議。（柯玉琴提供）

舊藤枝部落地層下陷，國民政府便強制族人往下一公里處的山坡搬遷，「但是，沒有土地所有權也沒有房屋建照。」陳清榮指出，直到莫拉克風災後，族人申請補償或大愛永久屋受挫時，才發覺這個問題。

這支布農族在這一百年之內，被迫搬遷多次，住在一個「被指定」的家園，讓有心維護文化歷史的族人不得不嘆息。有些人向政府妥協，而留下來的人卻捨不得：「故鄉都沒了，談什麼歷史？」對陳清榮等希望能守住文化守著根的原住民來說，如果妥協了就等於拋棄了祖先的精神：「我們的祖先都有著和大自然搏鬥的能力和精神，他們都通過了這項考驗。我們為什麼不行？」

原本都是大家族同住、同戶籍的寶山布農族，因為「永久屋」的問題，撕裂了家人間的感情，有些堅持留在山上的族人為了家庭和諧，不得不放棄立場。這場家族戰爭的傷口和裂縫，比風災摧毀的住家道路，更需要重建。

註3——馬躍·比吼（Mayaw Biho），花蓮玉里阿美族人，世新大學電影系畢業，曾拍攝多部以原住民歷史、文化及當代生活為主題的紀錄片，並多次獲得國內外各項影展獎項肯定。

困境：族人意見分歧，部落重建陷僵局

少數族群要在主流社會的遊戲規則和價值中捍衛自己的權益，並不容易。「原住民有自己的文化知識，但面對漢人體系和語言，這些知識豐富的長者就像茶壺裡裝了湯圓一般，倒不出來。」長期採訪原鄉的莫拉克新聞網[註4]記者柳婉玲為原住民長者叫屈。

柳婉玲指出，如柯玉琴這樣的返鄉知識青年，的確替族人解決不少問題，但原住民書讀得愈多，離原有文化愈遠，也對部落的事情較為冷漠，有時甚至成為破壞團結的根源，「部落遲遲無法重建，也是因為族人無法團結。」不過，令柯玉琴不捨的是，熟悉中文和社會規則的年輕人信賴權力，直勸長者：「學者專家都是碩士、博士，他們比較懂。」讓長者們灰心挫折。

無法團結加上人口流失，造成寶山重建的困境。風災後，政府略過組合屋而建永久屋的過程，讓部落更分裂。布農族是強調家族的族群，親人都會居住在同個屋頂下，掛著同個戶籍，但卻為了是否搬遷到大愛園區而爭論、分家。柯玉琴感嘆：「當初選擇太快了。」家園還沒著落，社區發展協會還得為了彌補傷痕而努力，耗費相當大的精神。

寶山不是唯一有重建難題的地方，桃源其他部落至今在交通硬體上甚至沒有進展，玉穗公路連連鬧出人命不說，凡有大雨，便橋便道就斷，農產品無法運送出來，讓部落產業面臨困境，都是值得長期關注的問題。

註4——莫拉克獨立新聞網為網路新聞媒體，於二〇〇九年開站，主要關注莫拉克災後的重建過程，包括受災社區的生活與產業重建、相關政策的規畫與影響等議題，工作人員包括專職記者與志工。

↗桃源與那瑪夏居民到行政院前陳情，希望政府修復山區家園。圖為抗議者帶著小孩參加活動。（中國時報資料照片）

突圍：旗美社大協助，打造南部司馬庫斯

「漢人大部分希望後代好好讀書，不要回來。」旗美社大莫拉克重建站專員涂裕苓從陪伴桃源區各個部落重建的經驗中，反思整個漢人社會的問題，而這種文化差距，恰恰反映外界對原鄉重建的質疑，他們會問：「為什麼你們不遷村？」

旗美社大以「農村就是一所學校」為方向深耕土地，在大高雄各偏鄉開課、培育諸多社區人才有十年之久。莫拉克風災發生後，旗美社大的工作人員正在放暑假，立即自動銷假上班聯絡災區，將各種訊息和需求散布出去，並收納志工成為救災平台；進入重建階段後，旗美社大接受高雄市社會局委託，為返鄉青年和社區提供培力，並陪同重建區一起討論發展方向。

涂裕苓認為，寶山在重建區中是最辛苦的一個，因為一直無法原地重建中繼屋，也沒永久屋，寶山族人仍在奮鬥中，但他們對土地的堅持，也給旗美社大的信念很大的支持和激勵。「寶山非常漂亮，只是在林務局的限制下，相當缺水，必須在限定資源的條件下發展。」涂裕苓提出「南部的司馬庫斯」[註5]的願景，期望和寶山族人共同突破目前的僵局。

註5──位於新竹縣尖石鄉的司馬庫斯部落，採取族人共同經營的方式，並成立九部三會（農業、工程、文化教育、經濟、研發、人事、環境資源、餐廳及民宿部，三會是長老教會、社區發展協會和共同經營大會）以進行組織化運作。部落原以農業維生，後來推展部落生態旅遊也頗受好評，因應觀光所需新建的建物，依舊採取傳統建材，同時以不破壞部落環境與景觀為原則。

↗部落的孩子是族人的希望寄託。（涂裕苓提供）

動員，齊步走

行動指南

前往高雄市桃源區寶山里，參加一年一度的布農族射耳祭，實地感受布農人延續傳統的堅持。

參觀資訊

寶山部落布農族射耳祭——◎洽詢電話：0937-680035（寶山社區發展協會陳秀雲）

面對自然，學會謙虛

受訪◎李婉玲、呂月如 對談◎小野 執筆◎黃奕瀠

我們不要當災民，勇敢面對艱困環境站起來。

李婉玲　　呂月如

高雄市六龜區

新故鄉動員令

動員者──李婉玲，曾經營民宿，並長期擔任社區志工，現為高雄六龜寶來重建協會執行長。**呂月如**，旗山人，現為六龜寶來重建協會祕書。

動員組織──高雄市六龜寶來重建協會，2010年創立。

基地：高雄市六龜區 **面積**：194平方公里 **人口數**：14,234人 **人口密度**：73人/平方公里 **平均年齡**：44歲（資料來源：內政部資料至2012年11月底）

《明天過後》對觀眾來說，只是在冷氣房內捧著可樂、爆米花享受的特效電影，但對曾經歷堰塞湖潰堤、土石流傾洩的災區民眾而言，卻是真實恐懼。高雄市六龜區在莫拉克風災受創嚴重，至今老人家即使望著細雨，也會擔心，每逢汛期，更有說不出的恐懼。

自主避難，有危險就快逃

「這幾年，我們一直不斷告訴居民和自己，如果危險了，我們就走，當作去度假，千萬不要造成別人的困擾。」高雄六龜寶來重建協會執行長李婉玲以之前的泰利颱風為例指出，當時政府要求撤出，不待直升機來，他們自己先走。「許多人指責我們不搬遷下來，天災時浪費社會資源，但這裡是我們的根，我們的情感。既然走不了，那就要認命，要能夠自主避難。」在災難常態化時代，他們將努力「和大地和平共處」，學習面對問題、適應環境。

位於南橫入口的寶來，以溫泉和泛舟聞名，曾是拉動旗山美濃地區觀光的火車頭。小野初見重建協會工作人員，直嘆六龜生態豐富風景優美，彼此交換了台灣藍鵲、藍腹鷴等「賞鳥經」。但這樣的美景，卻因二〇〇九年莫拉克風災而破壞，溫泉源頭被埋，交通斷了，農作毀了，觀光業衰落；本來擔任泛舟教練、旅館工作者的年輕勞動力因失去工作而外流，如今只剩下老弱婦孺。

↗寶來居民帶著和大地共存的信念，以生態教育來回復土地。（寶來重建協會提供）

深化文化產業，發展野外求生體驗

「風災前，我們就感覺觀光生意下滑了。正思考如何改變時，災難就來了，我們不得不調整方向。」原是民宿業者的李婉玲表示，風災帶來的重創，讓大家都絕望，但轉念一想，乾脆不要依賴原本的觀光資源，於是，眾人嘗試擬定一份「重建白皮書」，期望能走出一條深化故鄉文化的發展之路。

重建這條路是且戰且走。例如，原只是為了讓老弱婦孺有事情可做，不至於胡思亂想，社區開辦了陶藝、染布學習教室。後來進一步思考，若將「陪伴」加強為「培力」，讓這些「手工業」成為社區的特色產業，不也是美事？於是，重建項目上又多添一筆。

「我們必須以現有資源尋找未來的出路。」李婉玲指出，寶來有六個聚落，其中大多數土地屬於國有財產局，也有原住民保留地，可就原本風貌延伸發展。例如幾乎未被發展破壞的蘇羅婆，便能以瀑布和原生種生態環境來吸引遊客，還可以發展竹藝體驗。

野外求生體驗，也是寶來重建協會亟欲發展的方向。「災難讓我們發覺，垂降技能很重要。」李婉玲表示，災難發生時，各成孤島的區域都得靠流籠運輸人和物資，垂降體驗能夠加強大家的逃生知識，對避難會有更多了解，也和環境教育連結。

缺乏人才，連老師攏找嘸

莫拉克重建條例原定重建期限三年，日前決議延長兩年，但政府經費多投入在看得見的

↖災難讓六龜居民發現垂降技能的重要。圖為莫拉克風災時救難人員將嬰孩送出災區。（中國時報資料照片）

公共工程，心靈陪伴和產業復甦多靠社區自己來。李婉玲質疑，所謂振興觀光產業，難道只是辦活動補助車資把人帶進來？

「我們遇到的麻煩和地震不同，地震後，短期內可能不會再發生，重建可以開始，但我們每年都要遇到汛期，這種衝擊是很辛苦的。」李婉玲表示，政府看重建成效只重表面，但重建就像是蓋房子打底，需要時間和耐心，「九二一重建期長達十年，若干經費和專業團隊進駐，但我們都沒有，一切都必須自己來。」她直言，硬體簡單，但人力和人才的缺乏，才是偏鄉和災區最大的困境，而寶來又在六龜的最邊緣，更自覺被忽略，「連課輔老師，我們都找不到。」

在資源如此貧乏之下，為何不離開？李婉玲說，他們想告訴現代文明人，「我們是這樣面對我們的原野自然，這樣照顧我們的生命，我們在造物者面前又是如何學習謙卑。我們留下來是要告訴大家，這是我們的根，是我們的故鄉。」

難忘莫拉克，汽車水上漂

莫拉克風災造成六龜不老溫泉附近新開、新發等社區重大破壞和死傷，道路仍在修復中，土石流造成的傷害仍清楚可見，但台二十七線往寶來方向的主道路已能順暢通行。

↖六龜居民面對風災後滿目瘡痍的家園，心頭難免留下陰影，但仍有人選擇留下來學習與環境共存。（寶來重建協會提供）

回憶起莫拉克風災，李婉玲仍心有餘悸：當時政府關注林邊等沿海地區淹水情況，小林村的災情也吸引媒體注意，而六龜這邊訊息還沒傳出去，居民也以為忍受幾天停電就沒事了，卻不知最可怕的堰塞湖已生成。

「八月十日溪水水量突然變小，當時雨量這麼大，水量不該這麼小。」李婉玲說，他們不懂什麼是堰塞湖，隔日天晴，還對進入搭建衛星電話的直升機揮手問好，不料當日夜晚傳來如直升機般轟隆聲響，往外一看，只見如電影《明天過後》的畫面，眼前竟是強光反照，而車子浮在水面上跑，「寶來街區離河道有幾十米高都進了水，我們拔腿就跑。」先前因故扭傷腳踝的李婉玲「嚇到腳都好了」，忙著安置老老少少。

李婉玲的聚落約有四、五十位老人，也有坐輪椅的，摸黑走過土石流到達高地安置後，天落了雨，他們茫然盯著茏濃溪對岸的飯店，看著搖搖晃晃的路燈閃爍，心裡清楚，若是這點光滅了，代表這家飯店消失了。居民們整晚都在這種恐慌中度過。

自力救濟面對危難，心靈重建路漫長

當時寶來交通全毀，不但和外界失去聯繫，六個聚落也宛如孤島，彼此之間斷了聯絡。「風災發生前沒多久，村長病逝，我們簡直群龍無首，一切只能靠自己。」長期擔任社區志工的李婉玲表示，多年來社區營造打下的基礎，包含自主組成的救難隊、巡守隊此時發揮作用，有機具的負責機具，有油的將油捐出來，在政府相關單位還進不來時，寶來居民已經自力將路打通，好讓外界進來救援。

「偏鄉沒有資源，如果只是乾等政府進來，一切都來不及了。」社會局提供的重建人力呂月如補充。政府進來後，居民部分被撤走，只有部分人留下守護家園，宛若勇士。

寶來居民在災後，難以揮走心頭陰影，儘管災後有經費挹注在精神輔導上，居民卻覺得自己精神沒問題，抗拒「看醫生」。而團體進來輔導，協助訪問的當地志工也想「罷工」：「我問一遍自己哭一遍，哭到都沒力量了，我自己也很害怕。」

在莫拉克風災三周年前夕，寶來辦起法會，希望超渡往生者。「與其說是祭悼亡者，不如說是給活著的人安慰。」呂月如說，當居民有法會可參加，有事可做，有餐可聚，對他們來說都是轉移創傷的機會，也安撫了他們的心。

↖寶來重建協會在災後開辦陶藝教室，讓部落的老弱婦孺打發時間，也可打造社區特色產業。（寶來重建協會提供）

困境：政府踢皮球，重建乾著急

對重建區的居民來說，災後最大的震撼教育和考驗，幾乎都來自「政府」。他們必須在撤村或遷村的爭論中和政府角力，也常在各個機關部門的責任推諉中迷路。以荖濃溪為例，上中下游三個區段分屬農委會林務局和經濟部水土保持局、河川局，風災後究竟該由誰整治，各機關代表互踢皮球的狀況，讓居民看了也尷尬。

寶來的土地多屬財政部國有財產局，也有部分屬於原住民保留地。鄰近的桃源區在土石流發生後，桃源區建山部落土石壓在六龜這邊，李婉玲跑去區公所要求清理，卻被以「那是原住民保留地的土石」為由拒絕。她說：「桃源範圍這麼大，災難這麼嚴重，怎麼可能顧及到我們這邊？叫我這個六龜區民，怎麼去找人家的區公所？」除此之外，交通部公路局只管修復公路損毀處，請他們往前清一點，就推說那不是他們管的。

「等我們找到主管單位，我們早就被沖走了。」李婉玲直嘆，不能說政府不認真，但老百姓真的不懂，為什麼公共工程做好了又被沖毀，一而再、再而三修復，只見錢一直花，「公共工程難道沒有比較不一樣的看法或做法？」她依然肯定政府用心，只是無奈：「我們也不想讓別人覺得我們這裡一直需要救援，明明不是我們的問題，卻罵我們浪費。」

↗地方舉辦老人植物染體驗活動，希望藉此轉移長輩們受創的情緒。（寶來重建協會提供）

突圍：駐點專業人員，貼近鄉親需求

「重建協會或社區發展協會的成員，多半有工作在身，無法全心投入在重建工作上，社會局安置的專職人力，幫了很大的忙。」李婉玲表示，重建經費和計畫必須社區自己申請和爭取，對大部分人來說相當耗時耗力。而高雄市和屏東縣社會局實施的「在地組織社區重建人力支持計畫」，將部分善款作為聘用駐點專業人員之用，對人力流失同時欠缺專業人才的社區組織來說，是重要的幫助。

家在旗山的呂月如，是社會局聘用以協助寶來重建的專職人力。莫拉克風災發生時，水淹旗山，呂月如忙著發送物資和安置工作，卻也感到疑惑：「難道我只有這種工作可以做？」她希望自己能幫更多忙。當社會局宣布這項重建人力計畫後，呂月如上了山，成為協助寶來重建的一員。

台灣長達二十年的社區營造成果，也體現在災難發生和重建時，當政府未能進入時，社區仍能自主運作。災後，更是心靈陪伴之所。呂月如舉例，先前的六一〇梅雨，政府只關心淹水和土石流問題，但他們在地組織才會注意到心靈陪伴，逐一打電話關心長輩，安撫他們的恐懼，這才知有人已經吃了三天高血壓和心臟病藥，「很不捨」。「這些組織明顯比政府更貼近人民，了解民眾需求，唯有你真正在這裡生活，才懂他們的需要。」

↗寶來重建協會規畫一條「蘇羅婆59特區生態步道」，希望以瀑布和原生種生態環境來吸引遊客。（寶來重建協會提供）

動員，齊步走

行動指南

前往高雄市六龜區寶來里，實地體驗未經人為開發的自然環境。

加入「寶來重建協會」Facebook粉絲專頁，了解最新活動訊息。

參觀資訊

蘇羅婆59特區生態步道——◎洽詢電話：07-6883098。（高雄市六龜寶來重建協會）

重建，家的記憶

受訪◎徐報寅　對談◎小野　執筆◎黃奕瀠

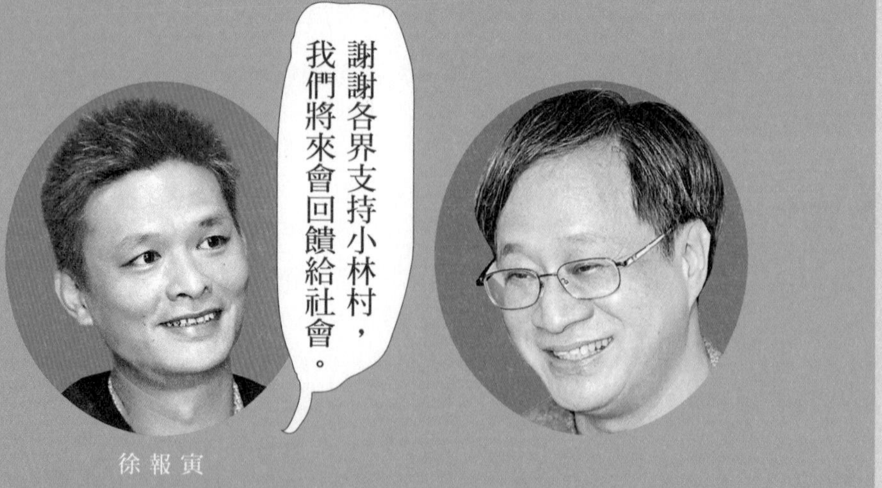

徐報寅

新故鄉動員令

動員者——徐報寅，現任小林村重建發展協會常務理事。
動員組織——小林村重建發展協會，2009年創立。
基地：高雄市杉林區 **面積**：104平方公里 **人口數**：12,472人 **人口密度**：120人/平方公里 **平均年齡**：45歲（資料來源：內政部資料至2012年11月底）

高雄市杉林區

莫拉克風災留給社會最深刻的印象，無非是小林村滅村悲劇。二〇〇九年八月九日清晨，一個村莊瞬間被夷為平地，帶走近五百條人命，只留下無盡的土泥堆。小林村從一個默默無名的平埔聚落，成為一場災難的標記。當世人淡忘這些故事時，倖存的小林村民正努力重建家的記憶，求得新生。小林村重建發展協會常務理事徐報寅說：「我們只想把小林蓋回來，也要找回對小林的情感，至少要保留我記憶中的小林。」漫長的三年，就是一場「回復記憶的戰爭」。

重建方案多，小林人陷入抉擇

小林村是以農業為生的山居部落，人口約八、九百人，生活簡單，居民樂觀又好客，總是問著「呷飽沒？來我們家吃。」從小在村落生長的徐報寅認識每一戶，而這些問候著他「呷飽沒」的鄰居朋友卻一夕之間亡故，是他心中很大的傷痛。「對每位倖存的小林人來說，不管五年、十年都離不開的創傷，也許一直都會在。」他說，有時候看到小林人笑，一轉眼又哭了，走不出陰霾。

悲痛中的小林人忙著喪事還得解決「家事」。為了和政府協商並爭取權利，村民組織自救會，好重建小林。前行政院長吳敦義上任後，首先到小林災民安置地巡視，允諾在五里埔（小林村原址旁的一處高地）興建五十戶永久屋。

而後，鴻海集團董事長郭台銘也來開說明會，願在高雄市杉林區找地重建小林，並允諾給予工作機會。這條件吸引了年輕的小林人，約一百二十戶毅然決然選擇郭台銘方案，成為「二村」。

↗夜祭是平埔族小林村民重要的文化活動。（旗美社大提供）

不料，土地取得比想像中困難。而當時的高雄縣長楊秋興，堅持山上遷下來的災民必須全數安置在慈濟大愛園區裡，「因為慈濟蓋房子的速度快，外界就會覺得重建速度快。」徐報寅說。

政府求效率，忽略村民的記憶

「我們不需要很好的房子，只想要自己的家，我們記憶裡的那個家。」徐報寅強調，重建是條漫長的路，很難短時間內就把房子蓋出來，但政府不想浪費討論的時間，只想看到成績，「他們急著重建，卻忽略記憶的需求，我們已經被遷出來，又沒有家鄉的感覺，房子住起來只是冷冷的軀殼，沒有感情在裡面。」因而約有兩年多時間，他們只有一種「和你拚了」的想法，堅持重建記憶中的小林。最後，永齡基金會將向台糖承租規畫成有機農場的地，把其中一部分讓給小林人居住，這塊狹長的畸零地和原本狹長型的小林相似，他們終於可安定下來，重新將小林村蓋回來。

「二〇一二年初入住時，真的好高興，有種卸下肩上大石頭的感覺，我們終於對這一百二十戶還有四百多位往生者有交代。」無親人死亡的徐報寅雖然幸運，但也因為不需忙喪事而跳下來扛起重建事務。他加入自救會時，曾向往生者許諾會照顧好活著的小林人，但這份責任也壓得他數度撐不下去，總想放棄。每到這個時候，他就會跑到小林村原址嚎啕大哭，哭完，戰鬥力就回來了。

小林的未來，合作才有力量

重建後的小林分成三區：留在甲仙五里埔的小林一村、遷往高雄市杉林區的日光小林（永齡有機農場旁）和小林小愛（慈濟大愛園區內）。儘管因重建意見不同而分裂，但他們也彼此尊重祝福，希望兄弟分家仍能共同合作，將文化產業連結成一線。徐報寅指出，「我們二〇一二年的夜祭是三地共同合辦。建了新的公廨[註1]給太祖居住，也在新的場域舉辦夜祭，這是一個小林文化繼續的指標。」

家都蓋好了，路又將如何走下去？徐報寅認為，平埔文化是小林人的根本，也是他們的特色。雖然如今小林村已一分為三，但可以互相串連結合，為彼此加分，也能為他們加強經濟上收入。位在杉林的小林小愛和日光小林可以成為外人接觸小林的起點，而仍在甲仙的一村則是小林文化的根，「將觀光文化結合在一起，才會有力量。」

守護文化根源，讓太祖回家

小林平埔夜祭因小林村的悲劇而被注意，以往即便是年輕的小林村人也知之甚少。風災後返鄉的社造人員潘淑卿說：「我十五歲離開小林前，村裡並無夜祭。」年近八十的耆老周坤全回憶，日治時期夜祭便辦得斷斷續續，直至戰後，才大肆舉行，無奈又因社會變化，一九七〇年代，夜祭就停了。直到一九九八年，重視平埔文化的前甲仙鄉長李宗保才恢復夜祭，從此小林夜祭成為台灣重要的文化活動之一。

註1——平埔族主要祭祀祖靈通稱為「阿立祖」，小林村所屬的西拉雅族大武壠社群則稱其為「太祖」，祭祀場所稱「公廨」。

↖小林村小朋友的繪圖作品，圖中表達對昔日村中信仰中心的思念。（小林村重建發展協會提供）

二〇一一年秋天，分居三地的小林村人再度聚合共辦夜祭，象徵著文化根源不變。「災後太祖一直沒有安住的地方，現在我們終於給他一個家。」徐報寅指出，他的阿嬤那一代就已經失去族語了，他們這支大武壠族文化僅留有夜祭活動和一些農耕打獵用具。

「我們祖先從南化那邊遷到五里埔這邊來。」周坤全表示，日本殖民政府為了方便管理，並作為緩衝山區原住民之用，便將散落此區的平埔族集合到楠梓仙溪這塊河谷地來，因負責遷移的警察叫「小林」，於是此處便成了小林村。

傷心事重複提，只願留鄉陪故人

這個平埔族集居聚落，在戰後許多漢人遷移至此。翁瑞琪的父親就是當初移居來此的嘉義人，他說：「我雖然不是傳統平埔族，但卻是傳統小林人。」

莫拉克風災發生的那個父親節，四十六歲的翁瑞琪剛當上爺爺，家人乘機團聚，不料卻換來天人永隔。除了九日清晨巡視工寮的翁瑞琪逃過一劫外，一家十餘口全數喪生。悲痛不已的翁瑞琪得服用安眠藥才能入睡，傷心時便到小林公廨走走。當初選擇重建地時，他不願遷居杉林，堅持留在五里埔陪伴往生的親人。

「我很怕自救會替我們決定搬下山，所以才跳出來管社區事務。」務農的翁瑞琪不擅言詞，看到鏡頭會害怕，但重建這幾年，為了力爭留下來的權利，他讓自己面對無數次鏡頭，一次又一次重複那些傷心的故事，好讓別人懂得他的堅持。如今，一切都安頓下來，他只等任期結束，回去好好種田養家。

↖一場天災，讓小林村民翁瑞琪從此與家人天人永隔，他只能獨自堅強活下去。（謝明祚攝）

↗重建故鄉，是分散各地的小林人共同的願望。（陳昭宏提供）

困境：明星災區壓力大，資源分配問題多

小林村因為死傷人數驚人，被視為莫拉克風災中的「明星災區」，獲得社會和媒體「關愛的目光」，不但馬英九總統多次到訪、前行政院長吳敦義一上任便立刻探視小林村災民，宗教團體、企業也紛紛給予資源，但徐報寅認為：「這也是一種壓力，因為大家都看你們在做什麼。」

因為過多關注和資源，讓小林村在重建過程中，數次爭執，最後分裂為三地定居。在紀錄片《爸爸節的禮物：小林滅村事件首部曲》中，便記錄了這些立場各異的爭執：在自救會成立前，小林便有社區發展協會，只是社區發展協會成員多是不擅言詞的農民，並傾向留在五里埔（小林一村），而自救會成員都是在外的年輕人，懂得說話並關切就業機會，多選擇遷移至杉林（日光小林），希望早日安定的低調村民則入住大愛園區（小林小愛）。

小野詢問徐報寅，三地是否會有心結？徐報寅回應，唯一的心結或許是資源分配的方式，但他認為最重要的還是願景不同，「居住的硬體問題容易解決，但生活規畫才是重點。」

「自救會後來轉成重建協會，但仍屬三個地方所有，難免會有資源分配不均的問題。」徐報寅表示，不如各自發展，再討論出合作模式，才不會有資訊和資源的落差，「單位愈大責任愈大，分成三地是好事，因為沒有人有能力扛得起全部。」

↗災後遙望小林原址的小林夜祭現場。（旗美社大提供）

突圍：三村手牽手，推廣國寶「雞角刺」

莫拉克風災發生後，被戲稱為「小林村民的冰箱」的獻肚山崩坍，他們賴以維生的農地也多數受損，對農耕人口居多的小林村民來說，一切都得重頭再來。

對搬遷到杉林「日光小林」的年輕人來說，永齡有機農場僅提供十個工作機會，郭台銘允諾的工作機會彷彿也成空。就業是災後小林村民要面對的最切身的問題，許多年輕人被迫到外頭謀職發展，仍得離開新生後的小林村。

「經濟穩定比較重要。」徐報寅指出，以往小林村民都種生薑、割竹筍，但被劃為特定區域後，這些農作物都不能種了，得想辦法發展出如「雞角刺」這類有小林特色的農產品。民間俗稱「雞角刺」的薊類，是新台幣一千元紙鈔上那個不起眼的小花圖樣，但卻是台灣的國寶，味道類似韓國人蔘，是產婦坐月子時的補品，據說也有養肝等作用。

徐報寅表示，雞角刺是平埔祖先傳承下來給他們的好東西，「我們現在都自家做，還沒研發，但我覺得可以推廣出去。」他認為小林村人因為吃了山裡的好東西，所以每個人都相當健康勇猛，跑得也快，若非這次災難太大，不然以他們的體格身手是可以逃出來的。

從平埔文化找出小林村的特色，並發展出觀光經濟，才能讓新生的小林村走得長遠。

↗小林村的孩子在南瓜上面畫下新希望。（中國時報資料照片）

動員，齊步走

行動指南

前往高雄市甲仙區五里埔，參加一年一度的小林平埔夜祭。
加入日光小林及小林社區Facebook粉絲專頁，了解最新活動訊息。

參觀資訊

小林平埔夜祭——◎洽詢電話：07-6761455（小林社區發展協會）

所在縣市	名稱	官方網址	聯絡電話	冊別	頁碼
台南市	台南社區大學台江分校	http://163.26.52.242/~private/	06-251-5670	②	p98-107
	月津文史發展協會	http://moon-port.ehosting.com.tw	06-652-9756	②	p196-203
	東山鄉環境保護自救會	http://tw.myblog.yahoo.com/jw!XFYTwmGRGBqX0YE28TmR	06-686-1439, 0910-977887 （陳顯茂）	①	p204-211
	葫蘆巷讀冊協會	http://hulualley.blogspot.tw/	0919-859187 （林民昌）	②	p204-211
高雄市	大林蒲影像館	http://tw.myblog.yahoo.com/wb-photo/	無	②	p108-115
	小林社區發展協會	無	07-676-1455	①	p228-235
	小林村重建發展協會	無	07-677-5002	①	p228-235
	小愛小林社區發展協會	無	無	①	p228-235
	六龜寶來重建協會	無	07-688-3098	①	p220-227
	寶山社區發展協會	無	07-689-3769, 0937-680035（陳秀雲）	①	p212-219
屏東縣	台灣藍色東港溪保育協會	無	08-788-8438	②	p116-125
	林仔邊自然文史保育協會	http://nabem870517.blogspot.tw/	08-875-3794	②	p126-135
	鹽埔鄉生活文化促進會 （小太陽圖書館）	http://blog.udn.com/my6159	0982-539677 （林雨君）	②	p212-219
宜蘭縣	金岳社區發展協會	無	03-998-4313	①	p86-93
	安安慢飛天使家庭關懷協會	http://blog.ilc.edu.tw/blog/blog/5011	03-956-8546	②	p138-145
	黃大魚兒童劇團	http://www.bigfish.org.tw/	03-932-0904	②	p146-155
	青松米．穀東俱樂部	http://blog.roodo.com/sioong	03-923-3914 03-923-3726	①	p94-101
花蓮縣	O' rip生活旅人工作室	http://orip.wordpress.com/	03-833-2429	②	p34-43
	五味屋	http://www.5wayhouse.org/	03-865-6922	①	p70-77
	青少年公益組織協會	http://youth-volunteer.org.tw/	03-846-3995	①	p78-85
台東縣	向陽薪傳技藝樂校	無	089-771-481	②	p24-33
	池上萬安社區稻米原鄉館	http://wanan197.blogspot.tw/	089-863-689	①	p60-69
	南迴健康促進關懷服務協會	http://www.arksunshine.org/	089-760-037	①	p52-59
	蘭嶼部落文化基金會	http://www.taocommonwealth.tw/	089-731-000	①	p24-31
澎湖縣	河溪文化工作室	無	無	①	p32-41
	海洋公民基金會	http://penghucitizens.pixnet.net/blog	0932-467230 0915-852352	①	p42-49

TAIWAN 368 新故鄉動員令

附錄　社區團體及文史工作室索引

TAIWAN 368 新故鄉動員令

①離島、山線

小野 & 吳念真帶路，
看見最在地的台灣生命力

作者／紙風車文教基金會、中國時報調查採訪室

特約編輯／陳彥仲
編輯／陳懿文、佘素維
校對協力／黃素芬
美術設計／黃子欽
企劃經理／金多誠
出版一部總編輯暨總監／王明雪

發行人／王榮文
出版發行／遠流出版事業股份有限公司
地址／臺北市100南昌路2段81號6樓
電話／(02)2392-6899
傳真／(02)2392-6658
郵撥／0189456-1

著作權顧問／蕭雄淋律師
法律顧問／董安丹律師
2013年6月1日 初版一刷
行政院新聞局局版臺業字第1295號
定價／新台幣350元

ISBN 978-957-32-7186-4

ylib 遠流博識網
http://www.ylib.com
E-mail: ylib@ylib.com

國家圖書館出版品預行編目(CIP)資料

TAIWAN 368 新故鄉動員令──小野&吳念真帶路，看見最在地的台灣生命力.①, 離島・山線 / 紙風車文教基金會、中國時報調查採訪室著. -- 初版. -- 臺北市 : 遠流, 2013.06

面；　公分

ISBN 978-957-32-7186-4(平裝)

1.社區總體營造 2.文集 3.臺灣

545.0933　　102006258